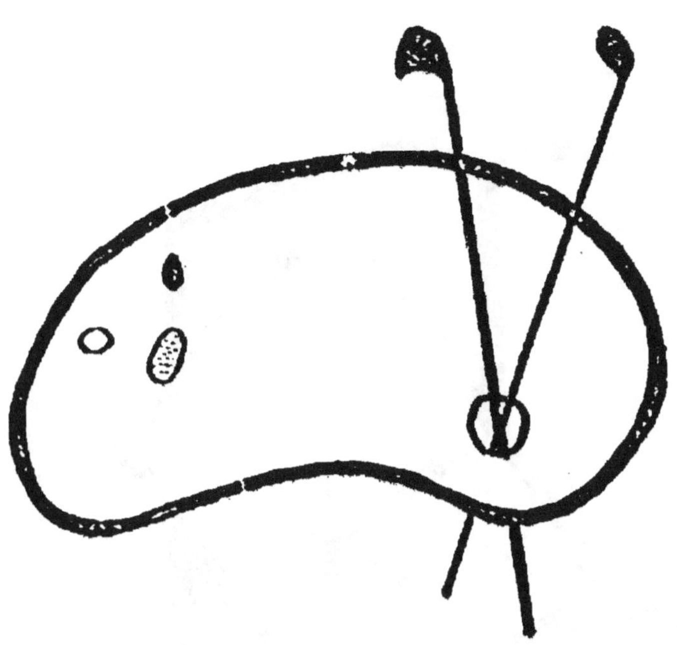

DEBUT D'UNE SERIE DE DOCUMENTS
EN COULEUR

Couverture inférieure manquante

DOCUMENTS

RELATIFS AUX

ÉGLISES DE L'ORIENT

ET A LEURS RAPPORTS AVEC ROME

RECUEILLIS ET COMMENTÉS

PAR

Adolphe d'Avril - M. P.

Ancien Consul général de France en Orient.

Avec un Tableau synoptique de ces Églises unies et non-unies.

TROISIÈME ÉDITION REVUE ET AUGMENTÉE

PARIS

LIBRAIRIE CHALLAMEL AINÉ

5, RUE JACOB, 5

1885

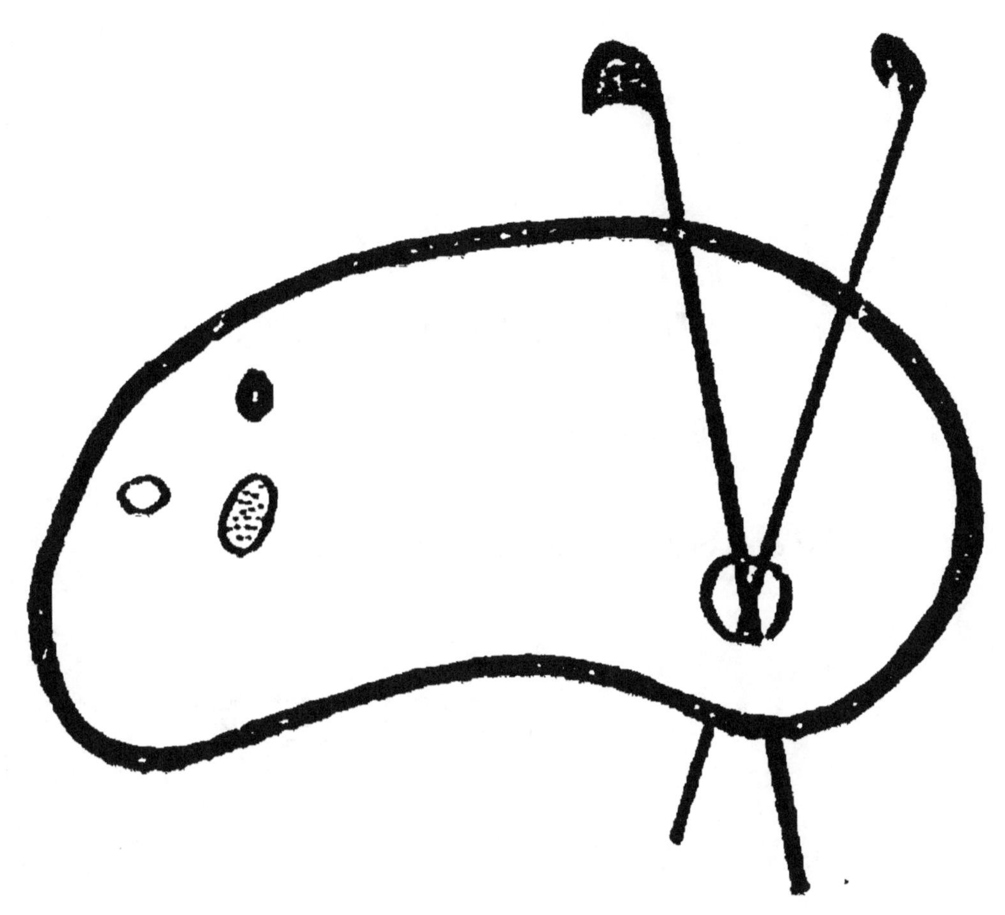

FIN D'UNE SERIE DE DOCUMENTS
EN COULEUR

DOCUMENTS

RELATIFS AUX

ÉGLISES DE L'ORIENT

> Prædecessores nostri noverant immaculatam Christi sponsam mirâ quâdam varietate distingui, quæ non officiat unitati.
>
> (Pie IX.)

DOCUMENTS

RELATIFS AUX

ÉGLISES DE L'ORIENT

ET A LEURS RAPPORTS AVEC ROME

RECUEILLIS ET COMMENTÉS

PAR

Adolphe d'Avril - M. P.

Ancien Consul général de France en Orient.

Avec un Tableau synoptique de ces Églises unies et non-unies.

TROISIÈME ÉDITION, REVUE ET AUGMENTÉE

PARIS
LIBRAIRIE CHALLAMEL AINÉ
5, RUE JACOB, 5
1885

PRÉFACE

La dernière édition de ce recueil paraissait en 1869 pendant le concile du Vatican. Le rapprochement qui s'opère en ce moment à Constantinople entre les catholiques et les orthodoxes, les espérances que l'apaisement des anciennes préventions permet de concevoir m'ont décidé à publier de nouveau un ouvrage qui, comme son titre l'indique, a pour objet d'exposer, sur des documents authentiques, les rapports normaux qui pourraient, qui devraient être établis entre le Saint-Siège de Rome et les diverses Eglises de l'Orient. Aussi bien s'est-il produit depuis quinze ans quelques faits d'une incontestable importance et est-il survenu quelques modifications dans l'organisation hiérarchique de plusieurs communions.

Je me suis appliqué, comme par le passé, à indiquer soigneusement les sources auxquelles il faut recourir pour s'éclairer sur les situations et sur les événements auxquels chaque *document* se réfère.

Pour l'intelligence de ces questions, qui ne nous sont pas toujours familières, il importe d'éviter avec soin la confusion des mots. Or, beaucoup d'écrivains profanes et même religieux confondent des choses essentiellement distinctes et le plus souvent indépendantes l'une de l'autre, à savoir : le *rite*, la *discipline*, la *langue liturgique*, la *communion des Eglises*. Je préciserai donc dans quels sens ces mots seront employés ici.

1° Sous le nom de *rite*, on doit entendre l'ensemble des cérémonies, des prières, des formules prescrites par l'autorité compétente ou consacrées par la coutume pour l'administration des sacrements et pour la célébration des offices.

2° Dans des documents récents, la chancellerie romaine rappelle la distinction à observer entre les rites et la discipline (1). La *discipline* est l'ensemble des lois et des coutumes, comme le célibat, les jeûnes, le vêtement, qui régissent une Eglise.

3° La *langue* employée dans les offices est indépendante du rite. Ainsi, la messe de rite grec est célébrée aujourd'hui en cinq langues. La messe de Rome, écrite originairement en latin, a été traduite en grec, en slavon, en arménien. D'un autre côté, dans une chapelle de la cathédrale de Tolède, on célèbre en langue latine la messe de saint Isidore, qui est différente de celle de Rome (2).

4° Enfin les Eglises sont en *communion*, lorsqu'elles admettent la même croyance et le même principe supérieur d'autorité. C'est un ordre d'idées tout à fait étranger au rite et à la langue liturgique.

Ainsi les jansénistes d'Utrecht et les vieux-catholiques qui célèbrent la messe romaine en langue latine, n'en sont pas moins traités à Rome comme schismatiques. Le Pape, au contraire, est en *communion*, par exemple, avec l'Eglise melchite où la messe du *rite* grec est célébrée en *langue* arabe par des prêtres qui ont contracté mariage, conformément à la *discipline* de leur Eglise.

Ainsi le rite ne préjuge rien sur la question de la langue ni sur celle de la communion ; et réciproquement, lorsqu'on mentionne telle langue, il ne faut pas y attacher arbitrairement une idée de rite ou de communion.

Le 2 février 1885.

(1) Pie IX aux Arméniens. — Lettre apostolique du 21 mai 1870.

(2) *Missale mixtum secundum regulam B. Isidori, dictum Mozarabès, præfatione, notis et appendice ab A. Lesleo, S. J. sacerdote ornatum.* 2 volumes in-4°, Rome, 1755.

LES ÉGLISES DE L'ORIENT

ET LEURS RAPPORTS AVEC ROME

I

LES HIÉRARCHIES ET LES RITES

Le sixième canon du concile de Nicée a reconnu la prééminence de quelques sièges, indiquant ainsi à trois d'entre eux une suprématie sur certaines parties du monde. On voit, du reste, par le texte même du canon, que ce fut simplement la constatation ou, si l'on veut, la consécration d'un état de choses existant déjà *ab antiquo* :

Que l'on conserve les anciens usages qui sont dans l'Egypte, la Lybie et la Pentapole, de sorte que l'évêque d'*Alexandrie* ait l'autorité dans tous ces pays de la même manière que cela est pratiqué pour l'évêque de *Rome*. Qu'à *Antioche* et dans les autres provinces, les Eglises conservent également leurs privilèges, leurs dignités et leur autorité.

Il n'y eut d'abord que trois patriarcats, ceux d'Antioche et de Rome, successivement fondés par saint Pierre, et celui d'Alexandrie fondé par son disciple saint Marc. De nouvelles divisions furent bientôt établies.

Le respect dû aux hiérarchies consacrées par l'institution apostolique et par la tradition a été proclamé avec éclat dès les premiers siècles. Ainsi, en 431, les évêques de Chypre ayant porté plainte, devant le concile d'Ephèse, contre le pontife d'Antioche qui avait cherché à étendre sa juridiction sur leur île, les Pères rendirent le décret suivant, si évidemment conforme à l'esprit de l'Eglise, c'est-à-dire inspiré par la vraie entente de la liberté et par un profond sentiment du droit :

Si, comme les deux respectables évêques venus à ce concile l'ont prouvé par écrit et verbalement, ce n'est pas un usage ancien que l'évêque d'Antioche fasse les ordinations en Chypre, ceux qui sont à la tête des Eglises dans cette île conserveront leur droit intact, selon les canons des saints Pères et la coutume antique. Il est ordonné que ce décret soit aussi observé dans les autres diocèses et provinces, de sorte qu'aucun évêque n'occupe une province qui n'aurait pas été auparavant ou dès le commencement sous sa juridiction ou sous celle de ses prédécesseurs. Si quelqu'un occupe ainsi une province étrangère ou se l'est soumise de force, qu'il la restitue, de peur que les canons ne soient mis de côté, de peur que, sous le prétexte du sacerdoce, le faste de la domination mondaine ne puisse se glisser; de peur que nous ne perdions insensiblement la liberté que nous a donnée, au prix de son sang, Notre-Seigneur Jésus-Christ, le libérateur de tous les hommes.

A propos du sixième canon de Nicée, le pape Nicolas Ier, dans sa *Lettre à Michel*, fait remarquer que le concile de 325 n'a conféré aucun droit au Saint-Siège de Rome, mais qu'il l'a seulement pris comme point de comparaison. Pour bien comprendre la nature de l'autorité spéciale que le Saint-Siège de Rome exerce sur les autres Eglises, il faut se rappeler les différents caractères dont le Pape est revêtu : « Le Souverain-Pontife (1) est en même temps évêque de la ville de Rome, archevêque et métropolitain de la province romaine, primat d'Italie et patriarche d'Occident. » L'autorité que le Pape exerce sur les autres patriarcats est celle qui résulte de sa qualité de Souverain-Pontife. Indiquons ici, pour éviter toute équivoque (2), que cette autorité est d'institution divine et que « le Pape a dans toute l'Eglise la primauté non pas seulement de dignité mais de juridiction (3). »

En ce qui concerne la diversité des rites, nous rappellerons d'abord ce qu'écrivait, à la fin du xviie siècle, le carme Thomas de Jésus :

Il existe dans l'Eglise des rites variés que les Apôtres ont institués avec sagesse, à cause de la diversité des nations (4).

Le pape Pie IX a exprimé la même pensée dans une lettre apostolique du 6 janvier 1862 :

(1) Devoti, *De hierarchiâ ecclesiasticâ*. Titre III, ch. 1er, p. 1225 de l'édition Migne.

(2) Lettre de Nicolas Ier à l'empereur Michel, p. 1331. — *La question religieuse en Orient*, p. 97. Paris, 1851.

(3) Devoti, *loc. cit.* — Zaccaria dans l'*Anti-Febronius*, t. IV de la traduction française.

(4) *Cum in Ecclesiâ varii sunt ritus quos prudenter, ratione diversarum gentium, Apostoli instituerunt*, t. V du *Cursus Theologiæ completus*. Paris, Migne, p. 554.

Loin d'affaiblir l'unité de la foi, la variété des rites permis tourne à la splendeur et à la majesté de l'Eglise.

On peut appliquer aux rites ce que dit M. de Montalembert, en parlant des ordres monastiques en Occident (1) : « Cette variété dans l'unité constitue la beauté féconde, la souveraine majesté du catholicisme. »

Les diverses Eglises auxquelles ce travail se réfère sont situées dans l'orient de l'Europe, en Asie, dans l'Afrique orientale et en Italie parmi quelques descendants des Grecs et des Albanais. Elles diffèrent extrêmement entre elles sous beaucoup de rapports; mais elles ont en commun un caractère capital : c'est l'attachement pour ainsi dire absolu de tous les Orientaux aux formes extérieures sous lesquelles, depuis la domination musulmane, ils ont conservé leur religion, leurs liens de famille, leurs langues et leurs nationalités. Ils se sont transmis de génération en génération leurs rites vénérés comme le flambeau de la vie.

Nous allons donner l'énumération des Eglises unies au Saint-Siège de Rome et de celles qui en sont séparées. Mais nous devons d'abord faire remarquer qu'il ne faut pas attacher trop d'importance aux titres dont les chefs de ces Eglises sont revêtus. Les qualifications ont beaucoup varié et elles n'ont pas toujours la même signification. Ainsi dans la Novelle CXXXI, trois siècles après le concile de Chalcédoine, l'empereur Justinien appelle simplement *archevêque* le pontife de Constantinople, tout en affirmant qu'il a le premier rang dans l'Eglise universelle après le Pape de Rome. Dans les anciens poètes et historiens français, le Pape est appelé *l'apôtre de Rome*. Le patriarche d'Alexandrie prend le titre de *juge universel* et de *pape*, sans prétendre, cependant, à aucune juridiction sur les autres patriarcats. Le patriarche d'Antioche a été quelquefois désigné sous le nom d'*exarque du diocèse* d'Orient (2). Le nom de patriarche avait même été donné primitivement à tous les évêques (3), et il a à peu près la même signification que celui de *primat*. D'après une définition

(1) *Les Moines d'Occident.* Introduction, p. 21.

(2) *De sacris Christianorum ritibus*, ch. vi. Collection Migne. T. XIX, p. 1082. — P. de Marca, *De primatu Lugdunensi et cæteris primatibus dissertatio.* Paris, 1644, p. 37. — *Oriens Christianus*, t. Ier, ch. i, et p. v de la préface.

(3) Grégoire, *Traité de la juridiction canonique du trône patriarcal œcuménique sur les Eglises orthodoxes en Bulgarie.* En grec. Constantinople, 1860, p. 148.

qui a été formulée par Hincmar, il y aurait trois sortes de primats, dont les attributions correspondent à celles des métropolitains, des exarques et des patriarches. Le mot *catholicos* a aussi des significations diverses dans la hiérarchie ecclésiastique. En règle générale, ce qu'il faut considérer, ce ne sont pas les titres, mais les attributions.

II

TABLEAU DES HIÉRARCHIES EN ORIENT

Il y a en Orient deux hérésies et un schisme. Première hérésie : c'est celle de Nestorius qui croyait à deux personnes en Jésus-Christ. Cette erreur a été condamnée au concile d'Ephèse.

Deuxième hérésie : elle est l'opposée de la première. Eutychès, par horreur pour la dualité des personnes, soutint qu'il y a en Jésus-Christ une seule nature. Cette erreur, appelée *Monophysisme*, a été condamnée au concile de Chalcédoine. Les Arméniens-Grégoriens, tout en rejetant ce concile, ne veulent pas être considérés comme monophysites.

Les autres hérésies ont disparu de l'Orient.

Le schisme grec a été commencé par Photius et consommé par Michel Cérulaire. Les Grecs séparés s'appellent eux-mêmes *Orthodoxes*. En effet, ils ont rejeté les hérésies de Nestorius et d'Eutychès et résisté énergiquement au protestantisme malgré la défaillance temporaire de Cyrille Lucar. Les Grecs sont séparés de l'Eglise romaine seulement par le schisme ; mais la persistance raisonnée dans le schisme peut finir par se confondre avec l'hérésie, puisque le schisme arrive à nier la suprématie des successeurs de saint Pierre, qui est d'institution divine et article de foi.

Un certain nombre de Nestoriens et de Monophysites, d'anciens Monothélites, des Grecs séparés ont abandonné leurs erreurs à diverses époques. Ils sont alors rentrés dans l'unité catholique.

Mais les chrétiens orientaux ne sont pas seulement séparés des Occidentaux par les hérésies ou par le schisme. Ils ont, avons-nous dit, des hiérarchies, des rites, des usages spéciaux reconnus et approuvés par l'Eglise romaine. C'est pourquoi les Orientaux qui ont abjuré l'hérésie ou le schisme forment des groupes distincts dans le sein du catholicisme.

Pour comprendre le tableau qui va suivre, il faut se rappeler que ni les hérétiques ni les schismatiques ne sont constitués hiérarchiquement d'après un principe unitaire suivant la croyance. En général, chaque nationalité forme ou tend à former une Eglise distincte. Celles de ces Eglises qui ont la même croyance peuvent dans certains cas être considérées comme une sorte de république fédérative.

Je ferai remarquer que, dans ce tableau, ayant à opter entre plusieurs systèmes également acceptables, je me suis borné à exposer simplement l'état de fait, sans prétendre à trancher les délicates questions de droit que cet état laisse pendantes. C'est sous le bénéfice de cette explication que, parmi les démembrements du patriarcat de Constantinople, j'indique des séparations consommées de fait, mais qui n'ont pas été consacrées en la forme canonique, comme l'a été en son temps l'érection d'une autonomie à Ochrida, à Ipek, à Moscou, à Athènes.

OBSERVATION. — D'après ce qui précède, il est facile de voir que l'expression *Eglise orientale* n'a pas de sens au singulier (1) : on doit dire *les Eglises orientales*. En effet, il n'y a pas d'unité religieuse orientale : il y a trois groupes, le nestorien, le monophysite et l'orthodoxe, lesquels s'anathématisent réciproquement, dans leurs livres sacrés et ailleurs (2).

A plus forte raison n'y a-t-il pas de chef religieux unique pour tout l'Orient non catholique. C'est à tort qu'on applique quelquefois cette qualification à l'empereur de Russie, lequel n'a aucune attribution sacerdotale même en Russie, ou au patriarche grec de Constantinople qui, aux yeux des Nestoriens et des Monophysites, est tout aussi hérétique que le pape de Rome et pour les mêmes motifs.

---

(1) L'expression *Eglise orientale* est aussi en contradiction avec celle de *catholique,* c'est-à-dire universelle, que se donnent les orthodoxes grecs. « A church cannot be both the *eastern* and the *catholic* church. » (Neale's *A history of the holy eastern church.*)

(2) Voici, par exemple, comment un patriarche grec de Constantinople parlait des autres Orientaux : « Il y a quatre sectes avec lesquelles notre Eglise n'a aucune communion. Ces sectes sont l'arménienne, la copte, la maronite et la jacobite. Le rite de ces sectes est difforme et absurde, leurs cérémonies plus que brutes. Ils sont hérétiques quant à la foi, et dans leurs mœurs, comme dans les. autres circonstances de la religion, rien ne les distingue des animaux. » (*Monuments authentiques de la religion des Grecs,* p. 154.)

TABLEAU DES HIÉRARCHIES EN ORIENT

ÉGLISES SÉPARÉES DE ROME	LANGUES LITURGIQUES COMMUNES AUX SÉPARÉS ET AUX UNIS (4)	ÉGLISES UNIES (5)
PREMIER GROUPE *(Hérésie nestorienne)* Les nestoriens ont un patriarche à Kotchanès (Kurdistan).	le Chaldéen	**PREMIER GROUPE** *(Catholiques ci-devant nestoriens)* Les Chaldéens-Unis de Turquie et de Perse ont un patriarche à Mossoul. —Les Chaldéens-Unis du Malabar relèvent du vicaire apostolique de Verapoly.
DEUXIÈME GROUPE A. *(Hérésie monophysite ou d'Eutychès)* I. Les jacobites de Syrie, de Mésopotamie et des Indes ont un patriarche résidant à Zag-Faran, près Mardyn. II. Les coptes ont un patriarche au Caire. III. Les Abyssins ont un évêque nommé par le patriarche copte du Caire. B. *Les anti-chalcédonites, dits grégoriens.* IV. Les Arméniens ont un patriarche catholicos à Esch-miadzin (Russie) et plusieurs autres patriarches en Turquie.	le Syriaque le Copte le Ghéez l'Arménien	**DEUXIÈME GROUPE** I. Les Syriens-Unis ci-devant jacobites ont un patriarche à Mardyn. II. Les coptes-unis ont un vicaire apostolique latin au Caire. III. Les Abyssins-Unis ont un vicaire apostolique latin. IV. Les Arméniens-Unis de l'Orient ont un patriarche du titre de Cilicie, résidant à Constantinople. Les Arméniens-Unis ont encore un archevêque à Lemberg (Autriche) et des abbés généraux à Venise, à Vienne et à Rome.
	le Syriaque mêlé d'Arabe	**TROISIÈME GROUPE** Les Maronites ont un patriarche résidant dans le Liban.
QUATRIÈME GROUPE *(Schisme grec ou les Orthodoxes)* I. Le patriarche de Constantinople. II. Le patriarche d'Alexandrie. III. Le patriarche d'Antioche (1). IV. Le patriarche de Jérusalem. V. Le synode d'Athènes. VI. L'exarque de Géorgie à Tiflis (2). VII. Le synode de Saint-Pétersbourg.	le Grec id. l'Arabe et le Grec id. le Grec le Géorgien le Slavon	**QUATRIÈME GROUPE** *(Catholiques ci-devant grecs-séparés)* I. La communion des uniates grecs de Constantinople est en voie de formation. II. En Syrie et en Egypte, les uniates de rite grec sont appelés *melchites*. Ils ont à Damas un patriarche. III. Des uniates de langue grecque et de rite grec se trouvent en Italie, en Corse et en Algérie et relèvent des ordinaires latins. En Italie, ils ont des évêques grecs pour les ordinations. IV. La communion géorgienne-unie est en formation à Constantinople. V. Les ruthènes-unis de la Pologne avaient à Chelm un évêque supprimé par la persécution qui sévit encore. — Les ruthènes-unis de la Galicie ont un métropolitain à Lemberg. — Les ruthènes-unis de la Hongrie ont à Munkacz et à Eperies des évêques relevant de l'archevêque latin de Gran.
VIII. Le patriarche serbe à Carlovitz. IX. Le métropolitain du Monténégro. X. Le métropolitain de Belgrade (Serbie). XI. Le métropolitain de Hermanstadt (Sibiu) (Transylvanie). XII. Le métropolitain de Tchernovitz (Boukovine). XIII. Le primat de Roumanie à Bukarest (3). XIV. L'exarque des Bulgares résidant à Ternovo (3).	id. id. id. le Roumain le Roumain et le Slavon le Roumain le Slavon	VI. Les serbes-unis de la Croatie ont à Krigévatz (Kreutz) un évêque relevant de l'archevêque latin de Zagreb (Agram). VII. Les valaques-unis de l'Autriche ont un métropolitain à Fogaratch (Transylvanie). VIII. Les Bulgares-Unis ont un évêque administrateur apostolique à Andrinople, des vicaires apostoliques en Macédoine et en Thrace.

(1) Le métropolitain de Chypre prétend être autonome et auto-céphale.
(2) Cette Église est absorbée de fait par le synode de Saint-Pétersbourg.
(3) Le patriarche de Constantinople ne reconnaît pas l'autonomie de fait des Bulgares et des Roumains du royaume.

(4) Les diverses Églises ont presque toutes des rites différents, qui sont les mêmes pour les séparés et les uniates.

(5) Les diverses Églises-unies relèvent directement et séparément du Pape, excepté celles pour lesquelles ce tableau donne une indication contraire.

III

LES PAPES ET LES ÉGLISES D'ORIENT

Il existe *ab antiquo* dans le patriarcat de Rome des Eglises de rite oriental et de langue non latine. Les Eglises unies des Bulgares, des Ruthènes, des Valaques sont comprises dans ce patriarcat. D'un autre côté, la messe latine est célébrée aujourd'hui dans la Sicile en langue grecque, dans la Dalmatie en langue slavonne. Le rite mozarabique est encore observé dans une chapelle de la cathédrale de Tolède.

Non seulement comme patriarches particuliers de l'Occident, mais comme souverains pontifes dans leurs relations avec les autres patriarches, les Papes ont montré le plus grand respect pour les rites et la hiérarchie des Eglises orientales. Nous rapporterons chronologiquement quelques extraits de leurs actes.

Au mois de juin 880, le pape Jean VIII adressait la lettre suivante à Sviatoplouk, roi de la Grande-Moravie, à l'occasion des missions de saint Méthode chez les Slaves :

Nous approuvons, pour rendre à Dieu les louanges qui lui sont dues, les lettres slaves inventées par Constantin le Savant (saint Cyrille), et nous ordonnons que la gloire et les œuvres de Notre-Seigneur Jésus-Christ soient racontées dans cette même langue slave. Car ce n'est pas seulement dans les trois langues hébraïque, grecque et latine, mais dans toutes les langues, que l'autorité sacrée de l'Ecriture nous avertit de louer le Seigneur, en disant : *Louez le Seigneur, ô toutes les nations; peuples, louez-le tous* (1). Et les Apôtres, après avoir été remplis de l'Esprit-Saint, ont répété les grandeurs de Dieu dans toutes les langues. Aussi saint Paul a-t-il dit : *Que toute langue confesse que Notre-Seigneur Jésus-Christ est dans la gloire de Dieu le Père* (2). A propos des langues, dans sa première Epître aux Corinthiens (3), cet apôtre nous engage surabondamment et manifestement à édifier l'Eglise de Dieu en nous servant des diverses langues. Ni la foi ni la doctrine ne s'opposent

(1) Ps. cxvi, 1.
(2) Philipp., ii, 11.
(3) I Cor., xiv.

donc en rien à ce que les messes soient chantées en langue slave, ni à ce qu'on lise en cette même langue le saint Evangile, ainsi que les leçons divines de l'Ancien et du Nouveau Testament bien traduites et bien interprétées, ni à ce qu'on chante ainsi tous les autres offices. Car celui qui a fait les trois langues principales, à savoir l'hébraïque, la grecque et la latine, a créé aussi toutes les autres langues pour sa louange et pour sa gloire.

Nous ordonnons, cependant, que dans toutes les églises de votre royaume, l'Evangile soit d'abord lu dans la langue latine, pour lui rendre honneur. L'Evangile, traduit en langue slave, sera ensuite annoncé aux oreilles du peuple qui ne comprend pas le latin...

Nous rappellerons à cette occasion que l'usage existait autrefois à Constantinople de lire l'Epître et l'Evangile en grec et en latin (1).

Au xi⁰ siècle, après la consommation du schisme, les églises des Latins furent confisquées dans tout l'Orient par les Grecs; mais le pape Léon IX voulut que les églises des Grecs restassent ouvertes en Italie, et voici ce qu'il écrivait à cette occasion :

Voyez combien, en cette circonstance, l'Eglise romaine s'est montrée plus discrète, plus modérée et plus clémente. En dedans et en dehors de Rome, il existe plusieurs monastères et églises grecs. Eh bien ! non seulement il ne leur a été apporté aucune perturbation et on ne leur a rien interdit de leur tradition paternelle et de leurs usages, mais même on leur a conseillé et prescrit de continuer à s'y conformer (2).

Innocent III, pendant l'occupation latine, intervenait sans cesse en faveur des Grecs (3). Honorius III, Innocent IV, Alexandre IV, Grégoire X, Nicolas III, Eugène IV, Léon V, Clément VII, Pie IV ont témoigné de leur sollicitude pour la conservation des Eglises orientales. Leurs actes et ceux de leurs successeurs inspirés du même esprit, sont rapportés dans la lettre encyclique de Benoît XIV, qui commence par ces mots : *Allatæ sunt* (4).

En 1354, Innocent VI, écrivant d'Avignon au chef de l'Eglise serbe, Joannicius, le traitait officiellement de patriarche (5), titre

(1) *Lettre du pape Nicolas I⁰ à Michel*, Labbe, p. 1321.
(2) Lettre encyclique de Benoît XIV, *Allatæ sunt*, chap. vii.
(3) Buchon, *Conquêtes et établissement des Français. etc.*
(4) Cette bulle se trouve au tome IV du *Bullaire de Benoît XIV*. Le P. Gagarin en a donné le texte dans *La Russie sera-t-elle catholique ?* Paris, Douniol, 1856.
(5) *Vetera monumenta historica Hungariam sacram illustrantia*, par le P. Theiner. Rome, 1860, t. II. p. 13.

qui n'a été reconnu à ce pontife par l'Eglise de Constantinople que vingt-deux ans plus tard.

Par une bulle du 21 août 1501, le pape Alexandre VI défend de rebaptiser les Grecs qui reviennent à l'unité, et, à cette occasion, il confirme que les Grecs peuvent garder les autres cérémonies accoutumées des Eglises orientales qui ne touchent point à l'hérésie.

Grégoire XIII, mort en 1585, institua dans la ville de Rome, pour les Grecs, les Maronites et les Arméniens, trois collèges dans lesquels il voulut que les élèves de ces nations fussent élevés, mais de manière qu'ils persévérassent dans leurs rites spéciaux. Ainsi, les Orientaux célèbrent à Rome d'après leurs propres rites, et il est permis aux évêques maronites, coptes ou melchites, de passage à Rome, d'y conférer les saints ordres, suivant leurs rites, à des gens de leur nation (1).

L'établissement d'un collège à Rome fut accueilli par les Grecs avec reconnaissance, comme on le voit dans une lettre de Théodose Zygomalas à Martin Crusius : « Le pape qui occupe actuellement (1581) le siège de l'ancienne Rome a fondé une grande école. Il y a appelé des jeunes gens et y a mis pour instruire les docteurs qu'il a su se procurer de la Grèce. Et maintenant, beaucoup de précepteurs et d'élèves originaires de Grèce, comme des lettres d'amis dignes de foi me l'assurent, s'y livrent aux études, grâce à Dieu (2). »

A l'occasion de la fondation du collège arménien, en 1584, Grégoire XIII rend un témoignage éclatant à l'héroïsme de la Petite-Arménie : « Cette nation a bien mérité de l'Eglise et de la république chrétienne de plusieurs manières, et principalement il nous a paru digne d'une mention particulière qu'aucun Etat, qu'aucun peuple n'a plus souvent et plus promptement fourni des secours aux princes et aux armées chrétiennes partant pour la recouvrance de la Terre-Sainte que les Arméniens qui, dans cette guerre sacrée, aidaient très courageusement et très fidèlement les chrétiens en leur procurant des combattants, des chevaux, des armes,

---

(1) Benoît XIV, *loc. cit.*, chap. XIV et XV. — Lettre d'Abraham Ecchellensis à Jean Morin, dans *Antiquitates Ecclesiæ Orientalis clarissimorum virorum Barberini, L. Allatii, L. Holstenii, Joh. Morini, A. Ecchellensis, etc., dissertationibus epistolicis enucleatæ*, p. 467. Londres, 1682.

(2) *Turco-Græcia*, p. 91.

des moyens de transport, des conseils, et enfin des ressources de toute espèce (1). »

En 1602, Clément VIII rendait la décision suivante :

Les prêtres ruthéniens unis peuvent, dans l'église des catholiques de rite latin, se servir des autels, des vases et des vêtements sacrés des Latins et y célébrer la messe, en cas de nécessité, et même seulement par motif de dévotion, mais à la condition qu'ils célèbrent d'après le rite grec.

Réciproquement, les prêtres de rite latin peuvent, dans une église des Ruthéniens unis, se servir de l'autel, des vases et des vêtements sacrés et y célébrer la messe, mais d'après le rite latin.

En rappelant ce fait, l'auteur du traité *De sacris Christianorum ritibus* mentionne que Clément VIII, et plus tard Benoît XIV, ont approuvé l'usage grec de l'*antimension*. Nous citerons plus bas les déclarations de Clément VIII à l'occasion de l'union ruthénienne. Ce pape établit à Rome même un évêque grec pour conférer les ordres sacrés, d'après le rite de cette nation, aux Grecs habitant dans les diocèses latins, et Clément XII institua un second pontife avec résidence dans le diocèse de Bisignano, afin que ceux qui demeurent loin de Rome ne soient pas obligés de venir jusque dans cette ville pour y recevoir les ordres sacrés d'après le rite grec (2).

Dans un bref de 1615, adressé aux évêques ruthéniens, Paul V rappelle qu'en admettant les Ruthéniens à l'union, le Saint-Siège ne peut jamais avoir eu l'intention de porter atteinte aux rites et aux usages de l'Eglise orientale, et Urbain VIII, par des décrets des 7 février et 7 juillet 1624, défend aux Ruthéniens unis de passer au rite latin.

Une décision de Clément IX, du 2 avril 1669, interdit aussi les changements de ce genre :

Pour conserver la paix entre les Arméniens unis du royaume de Pologne et pour d'autres causes très graves, il a été décidé avec l'assentiment de la Congrégation de la Propagande que, sans une permission spéciale du Saint-Siège, il n'est pas permis, pour quelque cause que ce soit, aux laïcs et ecclésiastiques réguliers et séculiers, de passer au rite latin. En conséquence, il est formellement interdit à tous les archevêques, évêques et officiers des séminaires unis de prendre sur soi doré-

(1) Citation de M. Dulaurier dans le *Royaume de la Petite-Arménie*, journal asiatique, 5e série, t. XVII, d'après le *Bullarium Romanum*, t. IV, part. IV, p. 78. Rome, 1747.

(2) Benoît XIV, *Allatæ sunt*, chap. xv.

navant d'accorder à leurs sujets de tout grade et de toute condition des permissions pour le changement de rite. Il est également défendu aux archevêques, évêques et autres prélats latins, et à leurs officiers, d'oser, à l'avenir, sous quelque prétexte et cause que ce soit, recevoir lesdits Arméniens unis voulant passer au rite latin, même avec la permission de leurs prélats arméniens, sous peine de nullité de l'acte.

Le 31 janvier 1702, sous le pontificat de Clément XI, la Congrégation de la Propagande rendit un décret ainsi conçu :

Sur le rapport du R. P. Charles-Augustin Fabroni, secrétaire, la Sacrée Congrégation a mandé qu'il fût ordonné, comme il est ordonné par le présent décret aux préfets des missions apostoliques, à tous, en général, et à chacun, en particulier, qu'aucun d'eux, à l'avenir, en quelque occasion et sous quelque prétexte que ce soit, n'ose accorder aux catholiques d'une nation orientale quelconque des dispenses pour les jeûnes, prières, cérémonies et autres obligations du même genre, prescrites par le rite particulier de ces nations et approuvées par le Saint-Siège apostolique. En outre, la même Sacrée Congrégation a décidé qu'il n'a pas été et qu'il n'est permis aucunement aux catholiques orientaux de quitter l'usage et l'observance de leurs rites propres, approuvés, comme il a été dit plus haut, par la sainte Église romaine. Cette décision, ainsi renouvelée et confirmée aujourd'hui, Leurs Eminences ont mandé qu'elle devait être observée entièrement et sans aucune tergiversation par tous lesdits préfets et missionnaires en général, et par chacun en particulier (1).

En 1724, en approuvant le concile tenu à Zamosc (Pologne), en 1720, Benoît XIII confirma cependant toutes les constitutions de ses prédécesseurs et les décrets des conciles relatifs soit à l'autonomie administrative de l'Eglise ruthénienne unie, soit aux rites orientaux (2).

Benoît XIV envoya le slave Caraman jusqu'en Russie pour en étudier la langue liturgique, et institua une chaire de cette langue au collège de la Propagande.

Le Bullaire de ce Pape contient plusieurs constitutions sur les rites des Coptes, des Melchites, des Maronites, des Ruthéniens, des Grecs d'Italie en général, et, parmi ces derniers, sur les rites du clergé de l'église collégiale de Messine appelée Sainte-Marie *de Grafeo*, et enfin sur la conservation du rite grec dans l'ordre de Saint-Basile.

(1) Benoît XIV, *Allatæ sunt*, chap. III.
(2) Voir à ce sujet le travail déjà cité du P. Gagarin, p. 9. — *Le catholicisme romain en Russie*, par le comte Dmitry Tolstoy. Paris, 1863. Tome Ier, p. 220.

Dans la quatre-vingt-septième constitution du tome Ier de ce Bullaire, voici ce qu'on lit sur les rites des Melchites :

Quant aux rites et aux usages de l'Eglise grecque unie, nous avons d'abord, d'une manière générale, établi par un décret, qu'il n'était et qu'il n'est permis à personne, à quelque titre et sous quelque prétexte que ce soit, et de quelque autorité ou dignité qu'il soit revêtu, même patriarcale ou épiscopale, de rien innover, ou d'introduire quoi que ce soit qui porte atteinte (*imminual*) à l'entière et exacte observation de ces rites.

Le même Pape dit encore, dans une lettre adressée au patriarche d'Antioche, qui avait annoncé l'intention d'apporter une modification à l'office des présanctifiés :

Il faut que les anciennes rubriques de l'Eglise grecque soient conservées entièrement et en inculquer (*inculcari*) l'exécution aux prêtres.

Benoît XIV renouvela la défense de faire passer les Orientaux au rite latin, comme il résulte de la constitution commençant par le mot *Demandatum*, et inscrite sous le numéro 85 dans le tome Ier de son Bullaire. Voici ce qu'on lit aux chapitres XVIII et XXXV :

S'il arrive par la suite que, en cas de nécessité et faute d'un curé du rite grec, des Grecs reçoivent le baptême ou des autres sacrements par le ministère d'un prêtre latin, ces Grecs ne seront pas, pour ce fait, considérés comme ayant embrassé le rite latin; mais, sans aucun doute, ils seront tenus de garder le rite grec dans lequel ils sont nés.

Nous défendons expressément aux Melchites catholiques qui suivent le rite grec, à tous en général et à chacun en particulier, de passer au rite latin. Nous interdisons formellement à tous les missionnaires, sous les peines portées ci-dessous et sous d'autres que nous jugerions devoir leur infliger, de conseiller ce passage du rite grec au latin et de le permettre même aux Orientaux qui le désireraient, sans avoir consulté le Saint-Siège.

En 1755, le même Pape rappela que cette défense s'appliquait à tous les Orientaux non unis, et voici en quels termes :

Lorsqu'un Grec ou tout autre oriental non uni désire revenir à l'unité de l'Eglise catholique, il n'est jamais, et en aucune façon, permis à un missionnaire de l'engager à quitter son propre rite (1).

Nous citerons encore deux prescriptions de Benoît XIV, relatives

____

(1) Benoît XIV, *Allatæ sunt*, chap. XI.

à ce qui doit être observé dans les lieux où les communions grecque et latine se trouvent en contact :

Pour ce qui concerne *les préséances*, on ne doit pas tenir compte de la diversité du rite grec ou latin, mais il faut considérer lequel des deux ecclésiastiques a été le plus anciennement ordonné, ou est revêtu de la dignité la plus élevée, et examiner les autres qualités qui, de plein droit, permettent de revendiquer le premier rang dans les solennités ecclésiastiques, à moins que l'usage ne soit différent.

Dans un diocèse habité par des Grecs et des Latins, et où il n'y a qu'un seul archevêque ou évêque ordinaire latin, ce prélat doit, pour les affaires et les causes de ces Grecs, désigner un vicaire grec, agréé par ses compatriotes ou élu par eux (car un Grec connaîtra mieux les usages des Grecs qu'un Latin). De même pour les appels au métropolitain, s'il se trouve que le métropolitain ne soit pas lui-même Grec, il doit désigner un juge spécial pour les causes des Grecs (1).

Sous le même pontificat, un missionnaire écrivit de Bassorah à la Congrégation de la Propagande, pour poser aux cardinaux les deux questions suivantes : 1° quel rite doivent observer les Syriens et les Arméniens, lorsqu'ils officient dans les églises des Latins ? 2° les missionnaires ont-ils la faculté de dispenser les Orientaux de l'abstinence du poisson ? Suivant l'usage, la Congrégation de la Propagande renvoya ces questions à l'examen de l'Inquisition générale. Les cardinaux composant cette dernière congrégation se réunirent en présence de Benoît XIV, le 3 mars 1755, et, de leur avis unanime, la décision a été : *qu'il ne faut rien innover (nil esse innovandum* (2).

Cette décision mémorable fut sanctionnée par Benoît XIV, qui, à cette occasion, adressa le 2 juillet 1755, à tous les missionnaires en Orient, la fameuse lettre encyclique qui commence par les mots : *Allatæ sunt.*

Non pas seulement, dit Sa Sainteté en terminant, pour répondre à la lettre du missionnaire de Bassorah, mais pour rendre sensible à tous la bienveillance avec laquelle le Saint-Siège embrasse les catholiques orientaux, puisqu'il prescrit que l'on conserve entièrement leurs anciens rites qui ne sont contraires ni à la religion catholique, ni à l'honnêteté ecclésiastique ; puisque, aux Orientaux qui rentrent dans l'unité catholique, il ne demande pas de quitter leurs rites, mais seulement d'abjurer et de détester les hérésies ; désirant vivement que leurs diverses nations (communions) soient conservées et non détruites et (pour com-

(1) *Etsi pastoralis*, chap. IX.
(2) Benoît XIV, *Allatæ sunt*, chap. III.

prendre beaucoup de choses en peu de mots) qu'ils soient tous catholiques, mais non pas qu'ils soient tous latins (1).

Cette encyclique de Benoît XIV est un traité complet dans lequel Sa Sainteté expose la doctrine constante de l'Eglise et prescrit leurs devoirs aux missionnaires avec une autorité qui rappelle les temps apostoliques : *Incipiens autem Petrus exponebat illis ordinem* (2).

Si nous essayions seulement de résumer ce document, ce serait répéter tout ce que nous venons d'exposer. Nous ne pouvons qu'en conseiller la lecture et en traduire ici trois passages qui forment une sorte de conclusion :

En cherchant à ramener à la religion catholique les Grecs et les autres Orientaux non unis, les Pontifes romains ont eu seulement à cœur d'extirper radicalement de leurs esprits les erreurs d'Arius, de Macédonius, de Nestorius, d'Eutychès, de Dioscore, des Monothélites et autres hérésies dans lesquelles il y en a qui sont malheureusement tombés, mais en leur laissant intacts et les rites et la discipline qu'ils observaient et professaient avant la séparation, et qui s'appuient sur leurs antiques et vénérables rituels et liturgies. Ces mêmes Pontifes romains n'ont jamais exigé qu'en revenant à la foi catholique, les Orientaux abandonnassent leur rite pour embrasser le rite latin; car un tel changement eût entraîné avec soi la disparition complète de l'Eglise orientale et des rites orientaux, ce qui n'a jamais été tenté en aucune façon, et a toujours été et est encore aussi loin que possible des intentions du Saint-Siège (3).

Voilà pour ce qui concerne la doctrine constante du Saint-Siège. Benoît XIV résume de la manière suivante les devoirs que cette doctrine impose aux missionnaires :

De ce qui précède, il résulte que, pour rappeler les Grecs et les autres Orientaux dans la voie de l'unité, il n'est pas besoin que leurs rites soient changés ni altérés... Le missionnaire, qui désire ramener un Oriental non-uni, doit éviter avec le plus grand soin de l'exciter à embrasser le rite latin; car ce missionnaire n'a qu'une chose à faire : le ramener à la foi catholique et non point le latiniser (4).

Enfin, à propos de l'examen des missels des Orientaux, Benoît XIV dit :

(1) Benoît XIV, *Allatæ sunt*, chap. XLVIII.
(2) *Actes des Apôtres*, XI, 4.
(3) Benoît XIV, *Allatæ sunt*, chap. XVIII.
(4) Benoît XIV, *loc. cit.*, chap. XIX.

On a apporté une circonspection attentive et en quelque sorte scrupuleus pour que le rite grec ne fût lésé en rien, mais conservé sans atteinte et intégralement (1).

Depuis Benoît XIV, aucun Souverain Pontife ne s'est occupé avec plus de sollicitude des communions orientales que Pie IX. La deuxième année de son exaltation, Sa Sainteté adressait aux Orientaux une lettre encyclique qui commence par ces mots : *In supremâ Petri*, et qui est du jour de l'Epiphanie de 1848. En voici un extrait :

....Nous conserverons entièrement intactes vos liturgies catholiques particulières, que nous honorons véritablement, quoiqu'elles diffèrent en plusieurs choses des Eglises latines. Car vos liturgies ont été honorées également par nos prédécesseurs, comme étant recommandables par la vénérable antiquité de leur origine et écrites dans les langues parlées par les Apôtres ou par les Pères, et comme comprenant des cérémonies d'un éclat et d'une magnificence imposante, propre à exciter la piété et la vénération des fidèles pour les saints mystères.

Cette sollicitude du siège apostolique pour les liturgies catholiques des Orientaux est démontrée par plusieurs décrets et constitutions que les Pontifes romains ont rendus pour que ces liturgies soient conservées. Parmi ces documents, il suffira de rappeler les lettres de notre prédécesseur, Benoît XIV, et particulièrement celle qui a été écrite le 26 juillet 1755, et qui commence par ces mots : *Allatæ sunt*. Cette sollicitude est prouvée, en outre, par la liberté laissée aux prêtres orientaux venus en Occident, non seulement de célébrer dans les églises des Latins d'après le propre rite de leurs nations (2), mais encore d'avoir en plusieurs lieux, et surtout à Rome, des églises bâties pour leur usage spécial.

Il ne manque pas non plus en Occident de monastères de rite oriental, ni d'autres établissements destinés à recevoir les Orientaux, ni de collèges fondés spécialement pour que les fils des Orientaux, soit seuls, soit mêlés à d'autres jeunes gens, étudient les lettres et les sciences sacrées, se forment à l'instruction cléricale et deviennent ainsi aptes à remplir les fonctions ecclésiastiques chacun dans son pays.

Voici maintenant ce que dit Pie IX dans le même document au sujet de la hiérarchie actuellement existante dans les pays séparés de la communion du Saint-Siège :

(1) Benoît XIV, *ibid.*, chap. xviii.

(2) *L'Œuvre des écoles d'Orient* a fait célébrer avec solennité des messes d'après différents rites orientaux dans les principales églises de Paris au milieu d'un concours immense et sympathique de fidèles. Beaucoup de catholiques latins y ont reçu la communion par le ministère des prêtres orientaux.

Nous avons déterminé et arrêté qu'à l'égard des ministres du culte dans les nations non-unies, simples prêtres ou évêques, qui reviendraient à l'unité catholique, nous observerons la règle que nos prédécesseurs, tant anciens que modernes, ont tant de fois suivie, c'est-à-dire que nous leur conserverons leurs rangs et leurs dignités, afin d'employer leur coopération, conjointement avec celle du clergé déjà uni de l'Orient, pour conserver et étendre le culte de la religion catholique parmi leurs compatriotes.

Au mois de décembre 1853, Pie IX donna à l'Eglise valaque unie une hiérarchie de son rite, indépendante de l'autorité des évêques latins et relevant directement du Saint-Siège. Voici un extrait de l'allocution que Sa Sainteté prononça à cette occasion dans le consistoire secret du 19 décembre de la même année :

Guidés comme nous par l'esprit de la charité chrétienne qui est douce et patiente, nos prédécesseurs ont déclaré que les rites sacrés, adoptés par l'Eglise orientale, qu'ils n'ont pas trouvés contraires à la foi orthodoxe, non seulement ne devaient pas être improuvés, mais qu'ils devaient être observés et maintenus, comme recommandables par l'antiquité même de leur origine et comme provenant, en grande partie, des saints Pères. Bien plus, nos prédécesseurs, par des constitutions expresses et très sages, ont édicté qu'il n'est permis à personne d'abandonner les rites orientaux. Ils savaient que l'Epouse immaculée du Christ se distingue par une admirable variété qui ne nuit pas à l'unité, que l'Eglise, qui n'est pas enfermée dans les limites des pays, embrasse tous les peuples, toutes les nations, toutes les races qu'elle nourrit par l'accord et l'unité de la foi, quelle que soit la diversité des mœurs, des langues et des rites approuvés par l'Eglise romaine, mère et maîtresse de toutes les autres. Notre prédécesseur de glorieuse mémoire, Grégoire XVI, le savait parfaitement, et, appliquant ses soins et sa vigilance pastorale à la nation des Valaques de rite grec qui habitent la Transylvanie, il a voulu leur instituer une hiérarchie ecclésiastique particulière de rite grec pour les diriger, les consoler et les confirmer dans la foi catholique. Ce que notre prédécesseur n'a pu accomplir à cause de la difficulté des temps, nous l'avons achevé en grande partie, à la grande consolation de notre âme.

Cet empressement à constituer une hiérarchie séparée n'est pas un des moindres témoignages de la sollicitude des Papes pour les Eglises orientales ; il sert aussi à démontrer par des faits que le Saint-Siège ne cherche ni à absorber ni à latiniser les Eglises qui rentrent dans l'union.

C'est ce que Pie IX a rappelé aux Arméniens dans une lettre encyclique en date du 2 février 1854 :

Vous n'ignorez pas avec quelle persévérance ce siège apostolique a constamment donné aux Arméniens tous les secours par lesquels il était possible de pourvoir d'une manière ou d'une autre, selon leur propre rite, à leurs nécessités de toute espèce et particulièrement à leurs besoins spirituels... Vous vous rappelez comment, dès que les circonstances le permirent, ce siège apostolique établit à Constantinople un pasteur arménien revêtu de la dignité épiscopale et comment plus tard, les Arméniens ayant, grâce à la clémence du souverain empereur des Turcs, acquis la liberté qui, par l'union des âmes, devait faire fleurir la religion et lui donner une vigueur nouvelle, un siège archiépiscopal et primatial fut érigé pour eux dans cette même ville, afin qu'ils eussent leur propre archevêque. De tout cela font foi des lettres apostoliques de notre prédécesseur Pie VIII. Tout le monde connait également les soins infatigables et tout particuliers de notre prédécesseur immédiat, Grégoire XVI, d'heureuse mémoire, pour reconstituer cet insigne diocèse.

Dans le courant de cette lettre, Pie IX parle encore du soin que le Saint-Siège a pris dans tous les temps de maintenir les antiques et saints rites de l'Eglise orientale.

Enfin, Sa Sainteté a donné aux Orientaux une nouvelle et précieuse preuve de sa sollicitude paternelle. Par des lettres du 6 janvier 1862, Pie IX a institué une congrégation spéciale qui prend le nom de « Congrégation de la Propagande pour les affaires des rites orientaux. » Nous en donnerons plus bas la partie substantielle.

Le Saint-Père n'a pas laissé échapper cette occasion de rappeler encore une fois au monde chrétien les principes qui guident la Papauté dans ses rapports avec les Eglises orientales. Voici les graves paroles de Sa Sainteté :

Nos prédécesseurs, non seulement n'ont jamais eu l'intention d'amener les Orientaux au rite latin, mais ils ont déclaré en termes clairs et précis, toutes les fois qu'ils l'ont jugé opportun, que le Saint-Siège ne demande point aux Orientaux l'abandon de rites vénérables par leur antiquité et par le témoignage des saints Pères. Il n'exige qu'une chose, c'est qu'on n'y introduise rien qui soit contraire à la foi catholique, dangereux pour les âmes ou attentatoire aux vertus ecclésiastiques, comme le démontre péremptoirement un de nos prédécesseurs Benoît XIV, d'illustre mémoire, dans son encyclique *Allatæ sunt*, du 5 juillet 1755, adressée aux missionnaires en Orient. Si donc quelque chose a jamais été introduit dans les rites de l'Orient, ce n'est point au Saint-Siège qu'il faut attribuer ces innovations.

Le pape Léon XIII, heureusement régnant, a montré sa sollicitude éclairée pour les Orientaux par un acte d'une délicatesse bien remarquable. Par suite d'un ancien usage, qui remonte aux invasions des infidèles, les sièges situés dans les pays, dont les souverains ne vivaient pas en communion avec Rome, portaient la désignation *in partibus infidelium*. Comme une domination chrétienne a été, grâces à Dieu, rétablie dans quelques-uns de ces pays et que dans d'autres les chrétiens ont reconquis une situation moins abaissée, le Pape, pour ne pas blesser ces chrétiens, ordinairement non-unis, a supprimé l'antique appellation : les prélats pourvus de ces sièges portent maintenant la désignation d'évêques *titulaires*. Le décret de la Congrégation de la Propagande pour les Orientaux est du 27 février 1882.

Léon XIII s'est occupé, avec le même soin paternel, de l'instruction à répandre dans l'une des premières communions orientales, en même temps que dans la plus humble. Le 1ᵉʳ mars 1883, il était fondé à Rome un collège spécial pour les Arméniens sous le protectorat d'un cardinal arménien. Déjà en 1879 le même pontife avait établi au Caire un séminaire pour la petite communion des Coptes.

IV

LES ACTES D'UNION

Lorsque des Eglises orientales se sont réunies avec l'Eglise romaine, il a été entendu que la hiérarchie alors existante et les rites anciens seraient conservés.

Le deuxième concile, réuni à Lyon en 1274, avait prononcé l'union des deux Eglises. Voici ce que l'empereur Michel Paléologue et les évêques grecs écrivirent de Constantinople au pape Grégoire X :

Nous reconnaissons, nous acceptons et nous confessons de cœur et de bouche cette foi vraie, sainte, catholique et orthodoxe, que la sainte Eglise romaine retient, enseigne fidèlement et professe : nous promettons d'observer inviolablement cette profession, d'y persévérer toujours et de ne jamais nous en écarter et détourner d'aucune manière. Venant à l'obéissance spontanée à cette même sainte Eglise romaine, nous en confessons et nous en reconnaissons la primauté, nous l'acceptons et nous nous y soumettons de plein gré. Toutefois, confessant ces choses, les approuvant, les acceptant et promettant de les observer, comme il a été dit ci-dessus, nous prions Votre Grandeur pour que notre Eglise récite le symbole comme elle le récitait avant la séparation et jusqu'aujourd'hui, pour que nous persévérions dans nos rites usités avant cette séparation, lesquels ne sont contraires ni à ladite foi, ni aux préceptes divins, ni à l'Ancien et au Nouveau Testament, ni à la doctrine des saints conciles généraux et à celle des saints Pères admise par les saints conciles qu'a reconnus l'autorité spirituelle de l'Eglise romaine (1).

Voici les réflexions que cette lettre a suggérées à Benoît XIV :

Quoique la réponse de Grégoire X à cette lettre des Orientaux ait péri, ce pontife ayant considéré comme valable l'union acceptée et signée en ces termes, on en a conclu avec raison que la susdite condition a été aussi approuvée et acceptée par Sa Sainteté.

Du reste, Nicolas III, successeur de Grégoire, a montré d'une manière évidente quel était son sentiment sur cette question, lorsqu'il s'est exprimé ainsi par les légats qu'il avait envoyés à Constantinople : *Quant aux autres rites grecs, l'Eglise entend que les Grecs soient bien*

(1) Litt. Mich. Pal. ad Gregorium P. P. X. Labbe, t. XI, p. 966.

vus en les suivant, et elle leur permet de persévérer dans ces rites, par lesquels le Saint-Siège a décidé que l'intégrité de la foi catholique n'est pas lésée et qu'il n'est pas dérogé aux décisions sacrées des canons (1).

L'acte du concile œcuménique de Florence, qui a prononcé, en 1489, la réunion des Eglises latine et grecque, contient la disposition suivante destinée à consacrer la hiérarchie des communions orientales. C'est le pape Eugène IV qui parle dans un acte signé par tous les Pères latins et grecs du concile, à l'exception d'un seul :

Renouvelant l'ordre établi dans les canons, nous définissons de la manière suivante l'ordre entre les autres vénérables patriarches, c'est-à-dire que le patriarche de Constantinople soit le second après le très saint pontife romain, le patriarche d'Alexandrie le troisième, le patri-arche d'Antioche le quatrième, et le patriarche de Jérusalem le cin-quième, tous leurs droits étant, d'ailleurs, maintenus intacts.

On trouve encore cette phrase dans l'acte de Florence :

Nous définissons que le corps de Notre-Seigneur Jésus-Christ est consacré véritablement dans le pain de froment aussi bien azyme que fermenté, et que les prêtres peuvent consacrer également l'un ou l'autre pain, chacun suivant l'usage de son Eglise occidentale ou orien-tale (2).

Les stipulations du concile de Florence sont reproduites ou rappelées dans les actes qui suivirent immédiatement, et par les-quels les Nestoriens de Chypre, les Arméniens et les Jacobites (3) firent leur union avec Rome.

En 1595, les évêques ruthéniens conclurent, avec le Saint-Siège, une union qui dure encore partout où elle n'a pas été interrompue par la ruse ou par la violence.

Voici ce que contient la délibération dont ces évêques signèrent le décret avant de se rendre à Rome (4) :

---

(1) *Allatæ sunt*, chap. XI.

(2) *Acte du concile de Florence*, traduit en français avec une introduction et des notes. Paris, Challamel, 1861.

(3) Thomas de Jésus, *loc. cit.*, p. 542, 577 et 591. — Raynaldus, ad annum 1144. — L'acte d'union des Nestoriens a été publié en français dans la *Chaldée chré-tienne*. Paris, 1864, Challamel.

(4) *Legationes Alexandrina et Ruthenica ad Clementem VIII*. Paris, B. Du-prat, 1860, pp. 100, 106, 118 et 120. Edition du prince Galitzin, qui en a publié

Et que le Dieu tout-puissant, auteur et dispensateur de tous les biens, nous conduise à la concorde et protège cette si sainte entreprise à laquelle nous souscrivons de nos propres mains, témoignant, par cet écrit, de notre désir et de notre résolution, cependant à la condition de conserver saufs et intégralement nos cérémonies et rites pour accomplir le service divin et administrer les sacrements conformément à l'usage de l'Eglise orientale, après les avoir corrigés dans les points qui empêcheraient cette union, mais de manière que tout se passe d'après l'ancien usage, comme il en était autrefois quand l'union existait.

On lit encore dans la lettre que ces évêques adressèrent au pape Clément VIII à la suite de cette délibération :

Nous envoyons à Votre Sainteté nos chers frères, les vénérables Hypathie Pociei, protothrône et évêque de Vladimir et de Brzesc, et Cyrille Terlecki, exarque et évêque de Loutsk et d'Ostrog, auxquels nous avons donné mandat d'aller trouver Votre Sainteté et (si Votre Sainteté daigne nous conserver et nous confirmer intégralement et inviolablement, en son nom et en celui de ses successeurs qui ne pourront jamais y rien innover, l'administration des sacrements, les rites et les cérémonies de l'Eglise orientale comme nous les pratiquions du temps de l'union) de rendre au siège de saint Pierre et à Votre Sainteté, comme pasteur suprême de l'Eglise du Christ, l'obéissance qui lui est due, en leur nom, en celui de tous nos archevêques et évêques, et de toute l'Eglise de notre Etat et des brebis qui nous sont divinement confiées.

Dans la profession de foi que récitèrent publiquement ces envoyés, ils dirent entre autres choses :

Je crois, je reçois et je professe tout ce que le saint concile œcuménique de Florence a défini et déclaré sur l'union de l'Eglise occidentale et orientale, à savoir, que dans le pain de froment, azyme ou fermenté, le corps du Christ est véritablement consacré et que les prêtres doivent consacrer le corps de Notre-Seigneur avec l'un ou l'autre de ces pains, chacun suivant la coutume de son Eglise occidentale ou orientale.

Clément VIII, dans le bref adressé, le 7 février 1595, aux archevêques et évêques ruthéniens, dit :

Vos rites et cérémonies, qui n'empêchent en rien l'intégrité de la foi catholique et notre mutuelle union, nous vous permettons de les

<hr>

aussi une ancienne traduction : *Discours de l'origine des Russiens et de leur miraculeuse conversion*, par le cardinal Baronius, p. 24, 29, 40 et 41. Paris, Techener, 1856.

conserver de la même manière que cela a été permis par le concile de Florence.

La bulle de promulgation de l'union, qui commence par les mots *Magnus Dominus*, contient aussi la clause suivante :

Afin de démontrer davantage notre amour pour les Ruthéniens, tous les rites sacrés et toutes les cérémonies, dont les évêques et le clergé ruthéniens se servent, d'après les institutions des saints Pères grecs, dans les divins offices, dans la célébration du saint sacrifice de la messe, dans l'administration des autres sacrements et dans les diverses fonctions sacrées, pourvu qu'ils ne soient pas contraires à la vérité et à la doctrine de la foi catholique et n'excluent pas la communion avec l'Eglise romaine, par notre bienveillance apostolique nous les permettons auxdits évêques et audit clergé ruthéniens, nous les concédons et nous y consentons (1).

Nous parlerons maintenant des Bulgares.

En 1203, le second empire bulgare faisait retour à l'unité, et à cette occasion le pape Innocent III adressait au pontife de Ternovo la lettre suivante qui fondait l'autonomie de la hiérarchie bulgare (2) :

Nous t'établissons primat dans le royaume des Bulgares et des Valaques et, par le présent privilège, nous concédons à l'Eglise de Ternovo l'autorité primatiale ; nous établissons que toi et les successeurs, qui te succéderaient dans la dévotion au Saint-Siège, vous aurez, comme primats, la prééminence sur les autres métropolitains de la Bulgarie et de la Valachie, et ces métropolitains montreront à toi et à tes successeurs, dans la forme canonique, la révérence due à un primat. Nous voulons faire savoir à Ta Fraternité que, chez nous, ces deux mots *primat* et *patriarche* ont presque la même signification, puisque les primats et les patriarches ont la même autorité sous des noms différents. Par ce présent privilège, nous accordons aussi à toi et à tes successeurs la faculté d'oindre, de bénir et de couronner les rois des Bulgares et des Valaques. A la mort, nul ne pourra être subrepticement élevé sur le siège de Ternovo, mais bien celui qui aura été élu canoniquement suivant la coutume approuvée. Que celui qui aura été élu par les métropolitains et les évêques qui pourront se trouver présents soit consacré évêque solennellement. Une fois consacré, il enverra au Saint-Siège des nonces, pour demander le pallium, insigne de la plénitude du pouvoir pontifical. A son avènement, il prêtera serment à nous ou à nos successeurs et à l'Eglise romaine. Mais lorsqu'un des métro-

<hr>

(1) *Bullarium S. C. de Propagandâ Fide*, t. Ier, p. 22, Rome, 1839, et dans la traduction allemande publiée en 1857 à Munster de l'ouvrage du P. Gagarin, *La Russie sera-t-elle catholique ?*

(2) *La Bulgarie chrétienne*, p. 43. Paris, 1861, Challamel.

politains soumis à ta primatie sera mort, c'est toi qui confirmeras l'élection du successeur et qui donneras à sa personne la consécration épiscopale. Avec des nonces de l'Eglise à laquelle il faut pourvoir, tu manderas des nonces à toi pour demander au Saint-Siège le pallium que nous t'enverrons volontiers et avec plaisir par ces nonces. Tu le recevras sous notre cachet et tu le conféreras solennellement dans la forme au métropolitain élu. Si nous jugeons à propos qu'un légat ou un nonce y assiste, tu accompliras la cérémonie *ex æquo* et de concert avec lui. De même pour l'Eglise bulgare et valaque, nous te concédons de faire chaque année, le jour de la Cène de Notre-Seigneur, le chrême et l'huile des catéchumènes et des malades, etc... En outre, nous accordons à Ta Fraternité la faculté de faire porter devant toi dans toute la Bulgarie et la Valachie la croix et une bannière représentant la passion de Notre-Seigneur (1).

Le 21 décembre 1860, des Bulgares écrivaient à Mgr Antoine Hassoun, au moment de rentrer dans l'union :

L'Eglise romaine a eu de tout temps une sollicitude paternelle pour les chrétiens d'Orient et pour la conservation de leurs cérémonies religieuses, de leurs coutumes et autres institutions adoptées de temps immémorial et conservées jusqu'à nos jours. A cet effet, nous avons l'assurance qu'en faisant l'union avec la sainte Eglise romaine, conformément aux décisions du Concile œcuménique de Florence, notre liturgie, nos rites, nos cérémonies et coutumes religieuses, institués par les saints Pères et conservés religieusement, ne seront nullement modifiés ; mais que, bien au contraire, ils seront respectés, ainsi que notre hiérarchie nationale, et que notre clergé seul administrera. De cette manière, tous nos compatriotes seront tranquillisés sur les mauvaises suggestions qu'on ne cesse de faire à cette occasion.

Mgr Antoine Hassoun a répondu :

Cette union n'étant qu'un retour à l'Eglise-mère (dont vous avez reçu dès le commencement votre hiérarchie), votre liturgie, vos rites, vos cérémonies et coutumes religieuses, institués par les saints Pères et conservés religieusement jusqu'à nos jours, non seulement ne seront pas changés, mais ils seront respectés et recevront une nouvelle consécration, ainsi que le proclame solennellement le souverain pontife actuel dans l'encyclique du 6 janvier 1848, adressée aux Orientaux.

Nous nous empressons de vous assurer également que, conformément à la même encyclique, votre clergé avec sa hiérarchie nationale sera respecté et confirmé dans ses honneurs et dignités ; en conséquence, le clergé et la hiérarchie qui devront vous gouverner seront votre clergé et votre hiérarchie bulgares sous l'égide de la suprématie

(1) Le texte de cet acte se trouve au livre VII des lettres d'Innocent III et dans Assemani, *Kalendaria Ecclesiæ universæ*, t. V, p. 140.

des souverains pontifes, qui ont tant aimé votre Eglise et votre nation si florissante dans les anciens temps avec ses rites et sa langue.

Chers enfants de Notre-Seigneur Jésus-Christ, soyez donc entièrement rassurés à cet égard; ne prêtez aucune foi aux suggestions de ceux qui, comme écrit saint Paul aux Philippiens, *cherchent leurs propres intérêts et non ceux de Jésus-Christ.*

A la lettre que les Bulgares adressèrent au Pape, le 30 décembre 1860 par l'entremise du délégué apostolique, et dans laquelle ils priaient Sa Sainteté de conserver leurs rites ou usages ecclésiastiques, Pie IX répondit :

Ces mêmes enfants chéris, les Bulgares unis, nous ont exposé très respectueusement dans la susdite lettre leurs vœux pour la conservation de leurs rites sacrés et légitimes, de leurs cérémonies, de leur liturgie et de leur hiérarchie. C'est pourquoi vous leur confirmerez, en notre nom, ce que leur a déjà répondu le vénérable frère Antoine, archevêque primat des Arméniens, à savoir que nous leur accorderons très volontiers ce que nous avons exprimé et déclaré clairement et ouvertement dans notre lettre encyclique aux Orientaux du 6 janvier de l'année 1848.

Le maintien de la hiérarchie et des rites des Eglises orientales est donc inscrit dans les chartes octroyées aux communions unies.

V

LES ORDRES RELIGIEUX

Il n'y a rien à ajouter à l'autorité des témoignages qui viennent d'être cités au sujet des sentiments dont l'Eglise romaine est animée à l'égard des Eglises orientales. On voudrait seulement rappeler ici que les grands ordres religieux ont suivi fidèlement la voie tracée avec tant de clarté et de persistance par les chefs de l'Eglise : on le fera en indiquant quelques passages dans les ouvrages d'un certain nombre de docteurs ou de missionnaires appartenant à différents ordres.

LES BÉNÉDICTINS. — Le 23 octobre 867, Nicolas Ier consulta les évêques de France avant de répondre aux accusations formulées contre l'Eglise romaine par les empereurs grecs Michel et Basile dans une lettre adressée au roi des Bulgares (1). On a conservé les réponses d'Enée, évêque de Paris, et de Ratram, moine bénédictin de Corbie.

Ce dernier est très explicite pour approuver la variété des usages dans les diverses Eglises. « Les coutumes des Eglises, dit-il, ont toujours été différentes et ne peuvent être uniformes. » Il cite, à l'appui de cette opinion, une lettre de saint Augustin à Casulan et divers passages de l'histoire de Socrate. Il regarde comme tout à fait indifférente la pratique de laisser pousser ou de raser la barbe et les cheveux (2).

Au quatorzième siècle, dans le couvent d'Emmaüs à Prague, les religieux bénédictins officiaient en langue slavonne, selon le rite romain (3). L'usage de célébrer une fois par année l'office tout entier en langue grecque s'est conservé longtemps dans le couvent du Mont-Cassin.

LES CARMES. — Vers la fin du dix-septième siècle, un carme déchaussé, Thomas de Jésus, a parfaitement exprimé, dans les

---

(1) *La Bulgarie chrétienne*, p. 20.
(2) *Histoire de Photius*, par l'abbé Jager, 2e édit., p. 162.
(3) Dobrowski, p. 297.

lignes suivantes, les sentiments de l'Eglise catholique à l'égard des Orientaux en général et des Ruthéniens en particulier :

Ceux qui travaillent à ramener les âmes dans les pays d'Orient doivent d'abord s'accommoder à la nature et à la manière d'être de ceux qu'ils s'efforcent de ramener et commencer par leur céder dans toutes les choses qui ne s'opposent pas essentiellement au salut éternel, de peur que, pour quelque intérêt secondaire, ils ne perdent l'essentiel : car *celui qui se mouche trop fort fait jaillir le sang.* (Prov., XXIII.) De cette manière, ils obtiendront leur bienveillance et leur amour, et quand ils auront obtenu cela, tout le reste suivra facilement. Comme l'amour vainc tout, et comme le joug du Christ est doux et plein d'amour, rien n'est plus propice, aussi bien pour ramener un pécheur à Dieu ou un schismatique à l'union que pour convertir un infidèle à la foi chrétienne, rien n'est plus propice que l'amour inspiré par l'instructeur spirituel. *Mon enfant, montre-moi ton cœur,* c'est-à-dire aime-moi, pour que, par ton amour, j'attire tout à moi; car tout ce que je désirerai de toi, par cela seul je l'obtiendrai. C'est ainsi que Notre-Seigneur Jésus-Christ, au moment où il constitua Pierre chef de son Eglise, demanda de lui seulement l'amour, et cela par une interrogation trois fois répétée, comme pour montrer combien cet amour est nécessaire : *Simon-Pierre, m'aimes-tu ? etc.* (S. Jean, XXI.) Car celui qui aime sera aimé à son tour. Ainsi, si tu m'aimes, Pierre, tu aimeras aussi ton prochain, et ton prochain t'aimera, et ainsi tu attireras tout à moi et tu seras un bon pasteur. Aussi saint Paul, ce grand zélateur du Christ, travailla-t-il de toutes ses forces à imprimer cet amour dans les cœurs des fidèles, et il ne réclamait rien d'eux avec autant d'instance que d'aimer lui et tous leurs chefs, et de s'aimer sincèrement les uns les autres. Car, dit le Cantique des Cantiques, *l'amour est fort comme la mort,* et, de même que rien ne résiste à la mort, rien ne résiste à l'amour. Donc il est d'abord et surtout nécessaire de s'accommoder au génie des hommes et de se faire le serviteur de tout le monde, afin de pouvoir gagner tout le monde, avec saint Paul, qui disait dans sa Ire Epître aux Corinthiens, chap. IX :

20. *J'ai vécu avec les juifs, comme juif, pour gagner les juifs;*

21. *Avec ceux qui étaient sous la loi, comme si j'eusse encore été sous la loi, quoique je n'y fusse plus assujetti, pour gagner ceux qui étaient sous la loi; avec ceux qui n'avaient pas de loi, j'ai vécu comme si j'eusse été moi-même sans loi, afin de gagner ceux qui étaient sans loi.*

22. *Je me suis rendu faible avec les faibles, pour gagner les faibles. Enfin je me suis fait tout à tous, pour sauver tous.*

Et les Apôtres, dans les premiers temps de l'Eglise, ont voulu faciliter la voie aux juifs en ordonnant, par égard pour les juifs, aux fidèles des nations converties, de s'abstenir de sang et des animaux étouffés, pour pouvoir gagner les juifs.

Il faudrait qu'un ou deux ou plusieurs ordres religieux obtinssent du

Saint-Siège l'autorisation de célébrer d'après le rite ruthénien, après avoir enlevé les erreurs et les superstitions (s'il y en a) que l'incurie ou l'ignorance y aurait introduites, et en ramenant chaque chose à ce qu'elle était à son principe et à son origine.

... Des religieux de cette sorte ne déprécieraient pas les rites et les cérémonies de l'Orient, mais plutôt ils les exalteraient comme leur chose propre, par leurs paroles et leurs actions. Les missionnaires latins sont regardés avec inquiétude comme des étrangers et des rivaux par les Ruthéniens, qui conséquemment ne les écoutent pas, mais les craignent et les soupçonnent, appréhendant toujours d'être trompés, ce qui donne occasion aux démons de suggérer beaucoup d'idées fausses sur l'Église romaine. Au contraire, ces religieux de rite oriental seraient reçus par les Ruthéniens comme étant des leurs; ils seraient écoutés sans soupçon. Les Ruthéniens, en les voyant instruits, croiraient en eux, et se glorifieraient d'avoir parmi eux des hommes si instruits, qui seraient comme leur couronnement. A cause de cela, ils les aimeraient beaucoup. En effet, ils n'aiment pas les Latins dont la supériorité les déprécie eux et leur rite; par la même raison, ils s'attacheraient vivement à ces religieux comme augmentant leur propre gloire et rehaussant le rite grec. C'est de cette manière que, sous l'inspiration du Saint-Esprit, saint Paul commença à convertir les Grecs païens à l'Évangile. En effet, il ne leur a pas annoncé qu'il venait leur prêcher un Dieu nouveau; mais (Actes des Apôtres, xvii, 23) il leur a dit : *Comme je regardais en passant les statues de vos Dieux, j'ai trouvé un autel où il était écrit :* Au Dieu inconnu. *Ce Dieu que vous adorez sans le connaître, c'est celui que je vous annonce.* De même ces religieux pourraient dire : « Nous ne cherchons pas à vous éloigner de la vraie foi et « du rite grec. Nous ne vous prêchons pas une chose nouvelle, mais ce « que vous pratiquez déjà sans le bien connaître, etc. »

C'est encore pour s'accommoder au goût des juifs, que saint Paul fit circoncire Timothée, quoique ce ne fût pas nécessaire (1).

Les Dominicains. — Saint Thomas d'Aquin est très explicite sur le respect qui est dû aux observances des Orientaux. Il dit, par exemple (2):

Comme un prêtre dans l'Église latine pèche en consacrant avec du pain fermenté, de même, dans l'Église des Grecs, un prêtre grec pécherait en consacrant avec du pain azyme, comme pervertissant le rite de son Église.

Jacques Goar a publié à Paris, au milieu du xviie siècle, un

<hr>

(1) Édition Migne, p. 161 et 166.

Les indications du vénérable Thomas de Jésus sont rappelées dans le travail du P. Gagarin : *De l'avenir de l'Église grecque unie.* Paris, Douniol, 1862.

(2) S. Thomæ Aquinatis *Summa totius Theologiæ.* Paris, 1608-1615, 3e partie, p. 171.

Rituel grec (1). Voici comment Goar s'exprime, au début de son ouvrage :

Personne, excepté peut-être un ignorant, n'osera condamner la diversité des rites dans l'Eglise, épouse de Dieu et miroir vivant de ses perfections, dans l'Eglise qui, avant que le monde ne périsse par la suprême catastrophe, professera l'unité de la foi qu'elle avait embrassée à son berceau et à laquelle quelques-uns ont failli ; car elle a conservé glorieusement le même usage de chaque sacrement, quoique ceux qui les administrent ou les rites peuvent différer. Quoi ! si l'Eglise elle-même ne rougit pas de louer son Epoux en diverses langues, peut-on l'accuser d'inconstance et regarder son union comme mensongère parce qu'elle emploie des cérémonies différentes ? En aucune façon.

Suivant les diverses manières dont elle est exposée au soleil, la colombe fait briller sur son cou des couleurs qui varient, soit à cause des mouvements de son corps, soit à cause des aspects différents de la lumière ; de même l'Eglise t'apparait comme une colombe, qui est sortie des ouvertures de la pierre angulaire brisée sur la croix et qui s'y réfugie dès que vole un oiseau méchant. Ecoute comme le Seigneur l'invite en l'appelant belle ! Mais d'où lui vient une si grande beauté ? De nulle autre part que de l'unité, qui, jointe à la variété, augmente cette splendeur que le royal prophète a chantée à sa manière, et plus heureusement que tout autre, par cette expression (2) : *La Reine s'est tenue à la droite en un vêtement doré, bordé d'ornements variés*. Les rites différents sont les franges d'or distinctes par des variétés (3), dont la diversité attire à la connaissance et en même temps à l'amour du Dieu unique, retient ceux qui ont été attirés, et touche ceux qui ont été retenus.

L'Eglise orientale et occidentale est une ; elle contemple et vénère un seul Dieu auteur de toutes choses. L'une diffère seulement de l'autre par les formes extérieures de l'adoration. Le Dieu très bon et très grand est le seul objet de la foi que l'une et l'autre Eglise professent. Aussi demandez aux fidèles de l'Orient et de l'Occident quelle est leur espérance, ce qu'ils désirent et ce qu'ils attendent. Ils répondront que la béatitude est l'objet de toute leur attente, parce qu'ils naissent, sont nourris et perfectionnés dans la réception des mêmes sacrements. Si l'univers est partagé et divisé entre l'Eglise latine et grecque, qu'y a-t-il d'étonnant si elles diffèrent par la manière d'être ? Chez l'une et l'autre, le sens des mots exprime le même culte de Dieu ; le son du langage diffère seul...

Que le Grec conserve donc ses usages dans son Eglise et que, de son

----

(1) *Rituale Græcorum complectens ritus, et ordines divinæ liturgiæ... juxta usum orientalis Ecclesiæ*, operà R. P. F. Goar, Parisini, ordinis F. F. Prædicatorum, S. Theologiæ lectoris, nuper in Orientem missi apostolici. In-folio. Paris, S. Piget, 1647.

(2) Ps. xliv, 10.

(3) Ps. xliv, 14 et 15. *In fimbriis aureis, circumamicta varietatibus*.

côté, le Latin ne s'éloigne jamais de son rite ! La Grèce se vante d'avoir
eu Paul pour docteur... L'Eglise latiné se souvient et constate qu'elle a
reçu les rudiments de la foi et les règles de conduite de Pierre, que les
Grecs saluent des noms de Coryphée et de Premier Coryphée des Apôtres, et aussi du même Paul. Pierre a-t-il pu établir des choses qui
fussent contraires à la doctrine de Paul ? Le penser est un crime. Il a
pu prescrire des observances différentes, mais tendant vers le même
but. Ajoutez que Paul, si l'on doit s'en rapporter à Baronius (1), a lui-
même établi des rites différents dans les diverses Eglises (2).

Les sentiments de saint Thomas et de Jacques Goar se sont
perpétués dans l'école dominicaine. Aussi la phrase de saint Thomas, que nous avons citée, se trouve-t-elle reproduite textuelle-
ment dans le cours de théologie du P. Billuart (3).

Les Franciscains. — Parmi les ouvrages relatifs aux Eglises
de l'Orient, il n'en est peut-être pas de plus complet et de plus in-
téressant que le traité *De sacris Christianorum ritibus.* Cet ouvrage,
qui est imprimé avec la *Theologia moralis* du P. Antoine, est
aussi remarquable par la précision et la pureté de la doctrine que
par la science des choses de l'Orient. L'auteur a profité heureusement des travaux de L. Allatius, de Thomas de Jésus, de Goar,
du franciscain F. à Breno, de Renaudot (4), de Lequien, des Assemani (5), de Galanus (6), de Jean Morin, etc., etc. Voici quelques
extraits de l'ouvrage du P. Carboneano, auquel il est, du reste,
facile de recourir, car il a été réimprimé à Paris, en 1841, dans le
dix-neuvième volume du *Cursus theologiæ completus*, édité par
l'abbé Migne.

Le P. Carboneano s'applique, dans le passage suivant, à faire
ressortir la concordance de toutes les liturgies chrétiennes :

Les Orientaux diffèrent des Latins et diffèrent entre eux par leurs

<hr>

(1) Baronius, anno 51, num. 58.
(2) Goar. Ouvrage cité, préface au lecteur. (Il n'y a pas de pagination.)
(3) *Summa S. Thomæ hodiernis academiarum moribus accommodata, seu cursus Theologiæ juxta mentem divi Thomæ.* Paris. 1817. T. IX, p. 119.
(4) *Liturgiarum orientalium Collectio.* Paris, 1716.
(5) *Codex liturgicus. — Bibliotheca orientalis Clementino-Vaticana. — Kalendaria Ecclesiæ universæ.*
(6) *Conciliatio Ecclesiæ Armenæ cum Romanâ.* Rome, 1650.

liturgies et par leurs livres rituels... Il nous suffira de démontrer que toutes les liturgies des Orientaux, de même que celles des Latins, contiennent, pour l'accomplissement et l'administration de l'Eucharistie, la même forme dont, depuis les premiers temps, l'Eglise du Christ a montré l'usage, et que les Orientaux ne diffèrent des Latins et ne diffèrent entre eux que par des rites qui sont purement de cérémonie.

Ainsi toutes les liturgies, orientales ou occidentales, tombent d'accord entre elles pour reconnaître de la manière la plus certaine qu'elles découlent vers toutes les Eglises d'une seule source, à savoir de l'exemple et des préceptes des Apôtres. Ce n'est que de là que peut provenir, dans la célébration des divins mystères, une conformité aussi grande que celle qui existe dans les liturgies que l'Eglise d'Occident et d'Orient possède depuis les temps les plus antiques, conformité qui n'a pu naître que d'une tradition commune et connue... Ainsi toutes les liturgies prescrivent que la sainte Eucharistie soit accomplie par des prêtres, qui se servent de vases consacrés et précieux ainsi que de vêtements consacrés, et qui célèbrent sur un autel qui est toujours en grande vénération chez tous les Orientaux comme chez les Occidentaux. Toutes les liturgies présentent des prières et des cérémonies préparatoires, les lectures de l'Ecriture sainte, les chants des psaumes, les prières pour les vivants et les morts, le baiser de paix, la commémoration des saints, la préface, qui est le commencement de ce qu'on appelle proprement offertoire ou du canon, les prières pour l'oblation des dons, la récitation de l'histoire de l'institution de l'Eucharistie avec les mêmes paroles du Christ, qui sont proférées par le prêtre au nom de Notre-Seigneur, l'invocation du Saint-Esprit, l'oraison dominicale, le fractionnement de l'hostie, la communion et la déclaration que c'est bien le corps et le sang de ce même Jésus-Christ, Notre-Seigneur. Une si grande conformité dans des Eglises dispersées en tant de lieux et séparées de communion depuis tant de siècles, ne peut provenir d'ailleurs que d'une tradition commune, transmise des Apôtres par les anciens Pères. Et, à cause de cela, il est patent que toutes les liturgies qui sont en usage chez les Orientaux concordent entièrement, non seulement entre elles, mais avec les liturgies latines, pour ce qui importe à la substance du sacrement. Aussi la diversité de leurs rites existe uniquement dans les choses qui sont purement de cérémonie, dans les formules et l'ordre des prières et dans d'autres choses qui n'altèrent pas la forme instituée par les Pères pour l'accomplissement de l'Eucharistie (1)...

Le P. Carboncano établit ensuite que le Saint-Siège a toujours été préoccupé du double soin de conserver l'unité de l'Eglise et de maintenir l'observation des rites orientaux :

Parmi les arguments qui démontrent que l'Eglise romaine est chef,

____

(1) *De sacris Christianorum ritibus*, chap. vi, p. 1096 de l'édition Migne.

maîtresse et mère de toutes les autres, on doit placer au premier rang cette sage économie par laquelle le Saint-Siège, d'une part, s'est appliqué à conserver pures et intactes les institutions apostoliques et à s'opposer aux innovations autant que les circonstances des choses et des temps le comportaient, et d'autre part a non seulement accepté patiemment les rites variés qui ne sont pas contraires à la foi et à la pureté des mœurs, mais a même défendu qu'ils ne fussent changés par d'autres autorités et a ordonné qu'ils fussent observés par tous là où il a été reconnu qu'ils étaient issus des institutions des ancêtres. Par cette manière d'agir, le Saint-Siège a fait éclater à la fois l'autorité sur l'Eglise universelle qu'il a reçue du Seigneur Christ ainsi que la déférence due aux ordonnances apostoliques et, en même temps, cet amour pour tous les chrétiens par lequel, comme une pieuse mère, il leur a procuré l'unité de la discipline, mais de manière à déférer, dans les choses qui peuvent concorder avec la foi et avec la règle de l'honnêteté, au génie et au désir de ceux de ses enfants qui, ayant été nourris dans divers rites reçus de leurs ancêtres, n'auraient pas pu facilement être ramenés à une unité complète de discipline.

Saint Pierre a indiqué d'avance cette manière d'agir aux pontifes romains, ses successeurs. En effet, chez les Hébreux nouvellement convertis à la foi du Christ, il a supporté patiemment l'usage de quelques cérémonies que leurs ancêtres avaient reçues de Dieu, parce qu'il n'était pas facile d'en ôter l'usage à des hommes élevés avec une si grande vénération dans ces cérémonies. Ainsi, dans le concile de Jérusalem, pour fermer la porte aux dissidences et réchauffer la paix mutuelle entre les nouveaux chrétiens, il établit une loi par laquelle, temporairement, il était ordonné, même aux Gentils convertis au Christ, de s'abstenir du sang et de la chair des animaux étouffés et immolés.

Et afin de pouvoir plus facilement présenter et prescrire à toutes les Eglises l'ordre des choses sacrées qu'il avait disposé, soit seul, soit avec le conseil des Apôtres, il établit d'abord son siège à Antioche, parce que de là il était plus à même de transmettre cette règle à toutes les Eglises de l'Asie. Ensuite, il envoya à Alexandrie Marc, qu'il avait instruit lui-même dans cette discipline. De cette ville, il pouvait facilement transmettre ces mêmes institutions aux autres Eglises de l'Egypte et de l'Afrique. Enfin Pierre lui-même vint d'Antioche à Rome, et là il voulut que son siège fût à perpétuité, aussi bien pour établir facilement la même discipline dans toute l'Eglise occidentale que parce que, de Rome, il pouvait promptement fournir, quand besoin serait, de nouvelles instructions aux métropolitains par lui établis à Antioche et à Alexandrie. De là est né, j'en suis persuadé, cette admirable concordance de toutes les Eglises dans les rites principaux, laquelle, comme nous l'avons vu, s'est conservée partout et toujours dans l'accomplissement de l'Eucharistie, dans l'administration des divers sacrements et sur la plupart des autres points de la discipline ecclésiastique.

Le premier et le plus grand soin des pontifes romains, successeurs de Pierre, fut toujours de conserver la discipline établie par les Apôtres dans toutes les Eglises... Mais on ne put pas empêcher que des rites nouveaux et variés ne fussent institués dans les diverses Eglises. En effet, dans ces premiers temps si pénibles de l'Eglise, il n'était pas facile à tous les évêques d'exposer au siège apostolique quelles étaient, en raison des circonstances de lieu et de temps, les nouvelles cérémonies ou ordonnances de discipline ecclésiastique qui paraissaient devoir être instituées. Il n'était pas non plus facile au siège apostolique de présenter à toutes les Eglises les nouveaux points de discipline qu'il convenait d'établir, et il ne parut pas convenable de limiter, sous ce rapport, la juridiction des évêques. Il fut laissé à leur arbitre d'ajouter de nouvelles cérémonies et de régir la discipline des choses sacrées. Mais de peur qu'il ne résultât une confusion de la trop grande variété des rites et de la discipline, des conciles de plusieurs évêques étaient célébrés de temps en temps, dans lesquels *les choses les plus élevées étaient traitées en commun*, comme l'écrit Tertullien (*Lib. de Jejunio,* c. XIII).

Ainsi que plusieurs hommes érudits l'ont fait observer, des conciles ainsi célébrés. dans les premiers siècles de l'Eglise provient la plus grande partie de ce qui se trouve dans les canons et constitutions apostoliques. Le grand concile de Nicée paraît s'être référé à cette antique coutume dans le cinquième canon qui a décrété que des conciles de ce genre seraient célébrés deux fois dans l'année. Ce décret a été renouvelé par le concile d'Antioche sous Jules Ier, dans le vingtième canon, par le premier concile d'Orange sous Léon le Grand dans le vingt-neuvième canon, etc. Dans ces assemblées, il a été question de l'ordre des choses sacrées et de l'unité de la discipline ; c'est ce qui résulte d'une lettre de saint Léon aux évêques de Sicile, des conciles d'Epone et de Girone, célébrés au commencement du sixième siècle, et de celui de Braga, qui est de 563. On voit clairement par là d'où sont issus dans l'Eglise les différents rites, dont il y avait une grande variété, même dans l'Eglise latine, au cinquième siècle et dans les siècles suivants, comme il résulte de la lettre écrite par Innocent Ier à Decentius de Gubbio, de la lettre de Grégoire le Grand au bénédictin Augustin qu'il avait envoyé en Angleterre, et des livres des autres auteurs du sixième et du septième siècles. Mais, d'après les écrits de saint Augustin et de Firmilian, on voit qu'au quatrième et même au troisième siècle, il existait dans les Eglises des rites divers qui étaient admis sans contestation comme des institutions des ancêtres et observés comme des lois. Ainsi saint Augustin écrivait à Casulan (Ep. XXIX) *que chaque province abonde dans son sens et considère les préceptes des ancêtres comme des lois apostoliques.*

De même, vers le milieu du troisième siècle, Firmilian écrivait à Cyprien : *Il y a dans l'Eglise romaine quelque diversité pour beaucoup de sacrements, et on n'observe pas ici les choses qui sont observées à*

Jérusalem. — Beaucoup de choses varient à cause de la diversité de leurs auteurs, et, cependant, on n'est pas pour cela séparé de la paix et de l'unité de l'Eglise catholique.

L'application du Saint-Siège à maintenir cette variété des rites a été éclatante. Car, quoiqu'il eût souhaité l'unité, cependant il n'a jamais souffert qu'on détruisit des rites institués ou recommandés par des hommes en grande vénération chez les peuples. Aussi, dans l'Eglise latine, où le rite a été presque ramené à l'unité, tant par la diligence des souverains pontifes que par le zèle des autres Eglises à imiter le siège de Rome, cependant le rite ambrosien est encore en vigueur à Milan, de même que le rite mozarabique dans quelques paroisses d'Espagne, parce que ces rites, recommandables par leur antiquité et par la sainteté de leurs auteurs, sont en grande vénération auprès des populations. Mais c'est à propos des Orientaux et principalement des Grecs que la conduite du Saint-Siège a été toujours admirable. Car sachant que, les Grecs étant profondément attachés aux institutions de leurs ancêtres, il serait difficile de les amener à abandonner leur propre rite, non seulement le Saint-Siège a voulu qu'ils y persistassent, mais a donné même de nombreuses preuves de sa vénération pour ce rite. Et par cette manière d'agir, il a fait éclater sa discrétion, sa modération et sa clémence envers les Grecs, eux qui, incités par l'esprit de dissidence, condamnaient les rites des Latins (1).

Un chapitre spécial du même ouvrage est consacré à l'obligation pour chaque chrétien de rester dans le rite qu'il a reçu de l'Eglise où il a été baptisé. En voici quelques extraits dans lesquels le P. Carboneano fait d'abord ressortir la légalité des divers rites pour aboutir à des conclusions pratiques aussi simples que formelles :

Il a été démontré au chapitre iv de cet ouvrage que l'Eglise du Christ a le pouvoir d'instituer et de prescrire des rites. De tout cela il résulte clairement que les rites institués par l'autorité de l'Eglise et les usages approuvés par la même autorité ont réellement force de loi. Or, les rites qui sont en vigueur dans l'Eglise orientale, ou bien ont été institués par l'autorité publique des Eglises, ou bien sont des habitudes approuvées par la même autorité et même corroborées par des décrets du Saint-Siège, qui approuve tous les rites, mœurs et usages de l'Eglise orientale qui ne sont pas opposés à la foi orthodoxe et ne portent pas avec soi un danger pour les âmes. Donc ces rites, qui contiennent la discipline des Eglises orientales, sont des lois établies par l'autorité publique de l'Eglise. Mais ces sortes de lois obligent tous les fidèles, tous les évêques, tous les patriarches : celui-là seulement peut en accorder des dispenses qui est le chef de toute l'Eglise, le pontife romain.

(1) *De sacris Christianorum ritibus,* chap. vii, p. 1115 de l'édition Migne.

De ce qui précède il résulte :

1° Qu'il n'est pas loisible de déserter le rite qu'on a reçu et de passer à un autre, car personne ne peut se soustraire à la loi dont il est sujet ;

2° Que ceux qui suivent le rite d'une Eglise ne peuvent pas, sans commettre une grave faute, mépriser le rite d'une autre Eglise, car ils mépriseraient une loi même de l'Eglise et une règle qui, bien que différente de celle de leur propre Eglise, dirige cependant les fidèles, par une autre voie vers le même but, c'est-à-dire vers la béatitude éternelle ;

3° Que les évêques ne peuvent pas, et encore moins les simples missionnaires, conseiller à un Oriental de changer son rite ni en aucune façon approuver et accepter un tel changement, sans en avoir référé au Saint-Siége (1).

Le P. Carboneano entre à ce sujet dans quelques développements qu'il importe de rapporter ici :

De ce qui précède il résulte que :

1° Là où il y a plusieurs évêques de rites différents, ayant chacun, dans ces mêmes lieux, des sujets de leur rite respectif, comme le patriarcat d'Antioche où il se rencontre des Maronites, des Grecs Melchites (et des Syriens), chacun de ces prélats a seulement la juridiction sur les fidèles qui suivent son rite et ne peut pas attirer et encore moins admettre à prendre son rite les fidèles d'un autre rite ;

2° Les missionnaires latins, résidant dans ces localités, exercent leur juridiction seulement sur ceux des chrétiens qui ne relèvent en aucune façon de la juridiction de l'un des évêques du rite oriental (2).

Le P. Carboneano explique ensuite que l'obligation de rester dans son rite suit chaque chrétien, même quand il habite en pays étrangers :

A la vérité, ceux qui sont admis dans une association sont soumis aussitôt aux lois qui y sont en vigueur, ce qui faisait peut-être dire habituellement à saint Augustin : *Observe l'usage de l'Eglise dans la circonscription de laquelle tu es venu.* Cependant, comme la libéralité des souverains temporels permet quelquefois aux étrangers de conserver, même dans un autre pays, leurs lois civiles, de même l'Eglise non seulement a souffert, mais a même voulu que les Latins dans les diocèses orientaux et les Orientaux dans les diocèses latins conservassent leurs propres rites, autant pour montrer sa vénération envers tous les rites que pour faire voir, en maintenant chacun dans la règle de ses

(1) *De sacris Christianorum ritibus*, chap. VIII. p. 1121 de l'édition Migne.
(2) *Ibid.*, p. 1123.

ancêtres, combien il serait grave d'en changer, et aussi parce que, si cette obligation était supprimée, il pourrait en résulter une très grande confusion (1).

Le P. Francisco *à Breno* est animé du même esprit. On pourra le voir en lisant dans son *Manuel des missionnaires orientaux* le développement des propositions suivantes : — *Il faut déplorer l'exemple des missionnaires apostoliques qui, emportés par un zèle contraire à la science, se sont efforcés de détruire les très anciennes coutumes des Eglises. — Considérés en eux-mêmes, les jeûnes des Grecs ne doivent pas être appelés mauvais, mais plutôt bons. — Si plusieurs pontifes jusqu'à Benoît XIV n'ont pas toléré qu'on détruisît l'ancienne coutume de l'Eglise d'Asie, à plus forte raison doit-on tolérer ceux qui usent de l'ancien calendrier* (2).

Voici l'extrait d'un rapport moins ancien sur la mission de Mésopotamie, tiré des *Annales franciscaines* (3) :

Les catholiques de ces pays appartiennent surtout à trois rites, le chaldéen, l'arménien et le syrien ; les Grecs et les Latins sont en petit nombre. A mesure que les conversions ont lieu, les néophytes sont mis en demeure d'opter pour le rite auquel ils voudront appartenir(?). La plupart d'entre eux préféreraient le rite latin ; mais les missionnaires ne peuvent point les y agréger sans l'autorisation de la S. Congrégation de la Propagande ; celle-ci accorde très difficilement et très rarement cette permission, afin de ne pas irriter le clergé oriental, qui serait certainement bientôt sans troupeau. Parmi les convertis de l'année 1867, environ quatre cents ont embrassé le rite arménien. Quand les Capucins sont arrivés à Orfa, il y a trente ans, il n'y avait presque pas de catholiques dans cette ville ; aujourd'hui elle possède trois églises : celle du rite arménien, quand on l'a ouverte, a reçu cent trente familles converties par les Pères et qui ont formé sa paroisse. Il en a été de même des catholiques syriens, que les Pères ont confiés à un patriarche de leur rite, après les avoir convertis.

On a fait de même dans la ville de Beregik, où les missionnaires ont ramené à la foi environ quatre-vingts familles arméniennes et ont mis à leur tête un prêtre arménien. Mgr Amanton, archevêque de Théodosiopolis et religieux de l'Ordre de Saint-Dominique, était alors délégué apostolique en Mésopotamie : il a donné 30.000 piastres turques pour la construction de cette église arménienne.

Enfin voici un rapport tout récent (1882) du R. P. Custode de Terre-Sainte :

(1) *De sacris Christianorum ritibus*, chap. vIII, part. 2e. Edition Migne.
(2) *Manuale missionariorum orientalium*. Venise, 1726, t. II, p. 92 et 93.
3) *Annales franciscaines*, 1er avril 1869.

C'est en 1849 que le P. Alexis, de Livourne, alors supérieur des Franciscains d'Alep, parvint à convertir plus d'un millier d'Arméniens schismatiques à Adana.....

Dix ans après, le plus grand nombre des Arméniens habitant Marasch voulaient se faire catholiques ; mais, comme les Franciscains qui étaient allés les instruire ne pouvaient leur accorder de passer dans le rite latin — dont ces Arméniens faisaient une condition formelle de leur conversion — il n'y en eut guère que trois mille qui devinrent arméniens catholiques.

En effet, pour montrer qu'il n'est pas hostile aux rites de l'Orient, le Saint-Siège défend d'agréger au rite latin les schismatiques orientaux qui, en se convertissant, doivent choisir un rite d'Orient en communion avec le Pape (1).

Les Jésuites. — Le P. Possevin, qui a essayé de ramener l'Eglise russe à l'unité, envisageait la question du rite de la manière suivante :

Quant à la différence des rites ecclésiastiques, que les Apôtres, eu égard à la variété des nations, ont sagement instituée, les Grecs pourraient croire qu'elle nuit à la foi et l'affaiblit ; mais il est facile de démontrer que cela ne peut nuire à la foi, quand chaque province conserverait avec la charité et l'union ce qu'elle a reçu de ses Apôtres ou de leurs successeurs légitimes, d'autant plus qu'en Orient même il y a plusieurs rites divers, tels que le syrien, le maronite, le copte, l'arménien, le grec (2).

Voici ce que le célèbre prédicateur polonais Skarga écrivait en 1577, dix-huit ans avant l'union des Ruthéniens, dans son traité sur l'unité de l'Eglise :

Quant aux rites et aux usages de l'Eglise gréco-russe et autres choses du même genre, on ne doit pas y faire le moindre changement. C'est un héritage des Pères qu'il faut conserver comme une chose sacrée, pourvu qu'il ne s'y trouve rien de contraire à la foi ou à la parole de Dieu...

Ces différences extérieures, loin de se nuire, contribuent, par leur admirable variété, à embellir davantage les vêtements sacrés de l'Eglise et à en rehausser l'éclat. L'Eglise est un parterre où fleurissent les arbres et les fleurs de toute forme et de toute couleur sans rien perdre pour cela de leur grâce native. Aussi les cérémonies religieuses varient-

____

(1) *Bulletin de l'Œuvre des écoles d'Orient*, n° 133, novembre 1882, p. 394.

Ici et plus haut le R. Père franciscain se trompe en disant : « Choisir un rite d'Orient. » Le chrétien non-uni, qui se fait catholique, doit conserver le rite qui le régissait auparavant.

(2) *Capita quibus Græci et Rutheni a Latinis in rebus fide idissenserunt*, dans la *Moscovia* de Possevin, p. 40.

elles selon les diocèses et les ordres religieux... Qui ne sait qu'à Milan, par exemple, les uns célèbrent la sainte messe d'après le rite romain, d'autre d'après le rite ambrosien (1) ? L'Eglise le sait, et elle le permet, parce qu'elle n'y voit aucun préjudice pour la foi ni pour l'union fraternelle (2).

Le passage suivant est extrait d'un rapport sur les missions de Grèce adressé par un Père jésuite aux archevêques, évêques et députés du clergé de France :

Depuis qu'ils habitent dans cette ville (Smyrne), les Francs et les Arméniens se sont unis ensemble d'un lien étroit de charité. Les Arméniens conversent avec les Francs, et les Francs avec les Arméniens. Quand nous célébrons nos fêtes, nous les y invitons; en leur présence, nous offrons notre encens, nous nous revêtons d'ornements sacerdotaux et nous faisons notre office et nos cérémonies selon que porte la coutume arménienne. De même, quand les Arméniens célèbrent leurs fêtes, ils nous y invitent; ils nous conduisent à l'église, où ils disent la sainte messe selon la coutume de l'Eglise romaine, tellement que nos deux nations vivent dans une si grande intelligence qu'il ne peut pas y en avoir une plus parfaite...

La maison de Chio entretient dix à douze jésuites. Tous sont natifs de l'île même, d'où la province de Sicile tire continuellement de très bons sujets. C'est parmi eux qu'on choisit les confesseurs de la langue grecque, qui sont à la pénitencerie de Saint-Pierre de Rome, et à celle de Notre-Dame de Lorette (3).

Le 21 juillet 1723, le supérieur général des missions de la Compagnie de Jésus en Syrie écrivait au P. Fleuriau :

Les patriarches schismatiques accusent les missionnaires de faire changer de religion aux Grecs, Arméniens et Syriens, et il est visible à tout le monde que les sujets du Grand-Seigneur conservent leur même rite, tel qu'ils l'ont toujours observé. Leur rite est bon, approuvé du Saint-Siège et dans des conciles œcuméniques (4).

Dans le *Mémoire de l'Ethiopie*, qui se trouve au même volume, on verra que les Pères jésuites attribuent l'insuccès de leur mission en Abyssinie au zèle malencontreux du roi de ce pays pour abolir les anciens rites de l'Eglise éthiopienne.

(1) Benoît XIV, *Allatæ sunt*, ch. III. *Sub Ecclesiæ Latinæ Romanæ nomine, ritus Romanus, Ambrosianus, Mozarabicus et varii peculiares ritus Ordinum regularium comprehenduntur.*
(2) Edition de Vilna, p. 369 et 370.
(3) *Etat des missions de Grèce*, par le P. Fleuriau, de la Compagnie de Jésus. Paris, 1695, pages 132 et 213.
(4) *Nouveaux mémoires des missions de la Compagnie de Jésus dans le Levant*, Paris, 1724, t. IV, p. 352.

A la Compagnie de Jésus appartient aussi le P. Gagarin qui, en 1856, écrivait ce qui suit :

De quoi s'agit-il, en effet ? de bouleverser toute l'organisation religieuse de la Russie pour y établir une nouvelle foi, un nouveau culte, un nouveau clergé ? Pas le moins du monde. Aux yeux de Rome, les évêques russes sont de véritables évêques, les prêtres russes sont de véritables prêtres, qui offrent véritablement sur leurs autels le sacrifice du corps et du sang de Jésus-Christ. Les catéchismes de l'Eglise russe présentent des lacunes plutôt que des erreurs..., et ce qu'ils peuvent contenir de défectueux se trouve complété et corrigé par les offices de la liturgie orientale. Il faut en dire autant de la discipline de l'Eglise russe ; on peut y déplorer quelques altérations récentes dues à l'intervention irrégulière du pouvoir civil ; mais, à part ces points, l'Eglise romaine est loin de blâmer les différences qui existent entre la discipline de l'Orient et celle de l'Occident. Il fut un temps où, malgré toutes ces différences de rite et de discipline, l'Orient et l'Occident ne formaient qu'une seule Eglise, dont les enfants étaient unis entre eux par les liens d'une même foi et d'une même charité.

C'est ce temps que nous aspirons à voir renaître ; il ne s'agit donc nullement, on le voit, de l'absorption de l'Eglise russe par l'Eglise latine : il s'agit d'une réconciliation (1).

Le P. R. Cornély s'exprime ainsi en parlant des Arméniens :

On a bien des fois voulu faire croire que le seul grief des Arméniens contre l'Eglise romaine était les efforts tentés par elle pour les latiniser. De telles tentatives, si elles ont eu lieu, où si elles se produisent jamais, ne nous auront pas pour défenseur (2).

Nous citons plus bas, à propos des *couvents latins*, une lettre très précise du R. P. de Damas. Pour ce qui concerne les jésuites, nous renvoyons à l'ouvrage du R. P. Nilles.

LES LAZARISTES. — Voici ce que M. Poussou, assistant de la Congrégation de la Mission, écrivait à M. Salvayre, procureur général, le 12 février 1852 :

Il faudrait établir dans quelqu'une de nos résidences une imprimerie ou lithographie en caractères gheez, qui sont les caractères éthiopiens qu'on peut trouver à Rome, peut-être même à Paris (3).

---

(1) *La Russie sera-t-elle catholique ?* Paris, Douniol, 1856. Cet ouvrage a été traduit en russe par le P. Martinof.

(2) *Etudes religieuses, historiques et littéraires*, par des Pères de la Compagnie de Jésus. T. IX, p. 221. Paris, 1866.

(3) *Annales de la Congrégation de la Mission*, t. XVII, p. 150.

Mgr de Jacobis poussait jusqu'au scrupule le respect des us et coutumes des Abyssins, à tel point qu'on lui a reproché de s'être fait lui-même Abyssin. Sa Grandeur, préoccupée constamment de la conservation du rite local, écrivait à M. Etienne, supérieur général, le 29 juin 1858 :

S. E. le cardinal Barnabo m'annonce qu'il existe à Rome une nouvelle imprimerie éthiopienne. On me demande les parties du rituel éthiopien que nous avons déjà préparées pour l'impression. J'aurai donc à envoyer : 1° ce rituel avec une version latine et des notes ; 2° un cours complet de théologie morale ; 3° un traité sur la vérité du christianisme ; 4° une histoire des hérésies existant en Abyssinie ; 5° une grammaire et un dictionnaire ghéez ou éthiopien, composé par notre martyr Abba Ghebra Michel, aidé des missionnaires ; 6° un Manuel d'exercices de piété ; 7° enfin, quand il sera terminé, un livre renfermant dix sermons, dix catéchismes et dix instructions familières pour une mission de dix jours selon notre directoire des missions en Europe. Tous ces ouvrages sont écrits dans la langue liturgique de l'Abyssinie (1).

Nous allons voir jusqu'où les Lazaristes ont porté le respect pour les usages traditionnels des Chaldéens de la Perse :

Vous savez que nous avions jugé à propos de nous conformer aux usages du pays pour le nombre des carêmes et des autres jeûnes beaucoup plus fréquents ici qu'en Occident. Nous avions, cependant, conservé les coutumes d'Europe pour les mets autorisés ces jours-là. Mais voyant que cela médisait nos Chaldéens même catholiques, nous nous sommes mis à nous priver, tous les jours de jeûne et d'abstinence, de beurre et de laitage. Ainsi, nous voilà réduits pour ces jours-là à des haricots ou autres légumes cuits simplement à l'eau et assaisonnés avec du vinaigre, et à quelques fruits. Saint François Xavier se soumit aux jeûnes rigoureux des bonzes du Japon pour ne pas scandaliser les païens ; nous avons cru devoir suivre son exemple pour le même motif (2).

Voici une lettre toute récente (1882) de M. P. Bedjan, missionnaire lazariste en Perse, pour les Chaldéens :

Les principaux moyens qui donnent des résultats si étonnants sont, à mon avis :

1° L'union cordiale et sincère qui règne entre les missionnaires et le clergé indigène ;

2° La liturgie chaldéenne du pays, laquelle est particulièrement respectée des missionnaires. Le nestorien ayant la même liturgie et la même langue, se laisse convaincre davantage par ce qu'il voit que par ce qu'il

(1) *Annales de la Congrégation de la Mission*, t. XXIII, p. 447.
(2) *Ibid.*, t. XI, p. 238.

entend, et il n'éprouve pas de répugnance à se convertir, puisque, tout en gardant sa liturgie et sa langue, il trouve chez nous à peu près les mêmes observances que chez lui.

En effet, nos frères et nos sœurs, pendant les quarante jours du carême, observent rigoureusement l'abstinence un peu sévère des indigènes eux-mêmes, sans user d'aucune dispense, ce qui les a beaucoup frappés et nous a valu immédiatement toute leur confiance.

Si nous n'avons pas pu, jusqu'à ce jour, faire quelque chose de solide parmi les Arméniens, c'est que nous n'avons pas eu la consolation de pouvoir leur offrir des prêtres de leur nation pour accomplir parmi eux leur propre liturgie. *Ceci est un point capital* (1).

Les livres liturgiques des Chaldéens n'ont jamais été imprimés en totalité, et il est très difficile de s'en procurer même des exemplaires manuscrits, lesquels, d'ailleurs, fourmillent d'erreurs nestoriennes. Le même Lazariste, animé d'un véritable amour pour le rite de ses ouailles, vient d'entreprendre l'impression du bréviaire chaldéen qu'il appelle « un des monuments les plus « précieux de l'antiquité chrétienne. » Il a eu toutes les peines à recueillir un bréviaire complet, lequel n'existe ni à Paris, ni à Londres, ni à Rome. L'entreprise se poursuit avec l'approbation de la Congrégation de la Propagande et aux applaudissements des prélats indigènes (2).

LES ORATORIENS. — Le pape Urbain VIII s'occupa avec beaucoup d'ardeur de ramener les Orientaux à l'Église. Il ordonna qu'on recueillit leurs livres de tous les côtés et que, de toutes les parties de l'Europe, on appelât à Rome les hommes le plus versés dans les choses théologiques (3). On lui indiqua, parmi les Français, Jean Morin, de la congrégation de l'Oratoire de Paris, qui se rendit à Rome accompagné d'un autre oratorien, nommé Souvigny. Jean Morin fut mis en relation avec Lucas Holsteinius et avec le Grec de Chio, Leo Allatius, qui était professeur au collège des Grecs de Rome et devint bibliothécaire au Vatican. Morin fit partie d'une commission qui discuta sur les croyances et les rites des Orientaux.

Plusieurs théologiens, écrit le biographe de Morin, d'après les préjugés qu'ils ont reçus dans les écoles, n'hésitant pas à se prononcer

(1) *Bulletin de l'Œuvre des écoles d'Orient*, n° 134, janvier 1883, p. 25.

(2) *Ibid.*, novembre 1883 et mai 1884. N°s 139 et 142. L'Œuvre a souscrit à la noble entreprise de M. Bedjan.

(3) Benoît XIV, *Allatæ sunt*, ch. XIX. — *Histoire critique de la créance et des coutumes des nations du Levant*, par Richard Simon.

sur les choses qu'ils sont loin de comprendre, condamnaient les rites grecs comme différents de ceux de l'Eglise romaine, les déclaraient impropres et disaient qu'il fallait les ramener à la liturgie occidentale. Lucas Holsteinius et Leo Allatius, hommes très sages et très instruits, résistèrent fortement et courageusement à ces théologiens. Holsteinius surtout ne craignit pas de déclarer que le malheureux schisme, qui divise l'Eglise depuis si longtemps, doit être surtout attribué aux gens qui, par goût pour la discussion, n'ont aucun amour pour leurs frères... Jean Morin appuya de son suffrage l'opinion de Holsteinius et la confirma par de nombreux et graves raisonnements... Il démontra... qu'il fallait remonter aux temps qui avaient précédé le schisme de Photius ; qu'autrement il faudrait condamner aussi les anciens Pères de l'Eglise orientale, s'il était reconnu que les Grecs étaient en beaucoup de points conformes à ces Pères dans l'administration des sacrements. Cette opinion de Jean Morin plut aux gens éclairés et versés dans les choses ecclésiastiques, et sa profonde érudition fut louée par le cardinal Barberini (1).

Après cette mission, Jean Morin continua à entretenir un commerce de lettres avec Leo Allatius et avec le savant maronite Abraham Echellensis, qui avait été professeur au Collège de France et qui s'était retiré à Rome où les Orientaux étaient accueillis avec la généreuse hospitalité que les Assemani y trouvèrent dans le siècle suivant. Morin échangeait avec ces savants et avec Holsteinius ses idées et ses connaissances sur les choses religieuses de l'Orient. Aidé de leurs lumières et de ses propres recherches, il inséra des études approfondies et des traductions des cérémonies orientales dans le livre sur les ordinations ecclésiastiques qu'il publia à Paris en 1653.

Les sentiments qui animaient Jean Morin se retrouvent dans la Congrégation de l'Oratoire de l'Immaculée Conception de Paris. Nous citerons notamment une lettre écrite par le R. P. Pététot à l'abbé Soubiranne, et une allocution prononcée par le R. P. Lescœur à l'église Sainte-Clotilde à propos de l'union bulgare (2).

Les Assomptionistes. — Les religieux augustins de l'Assomption travaillent depuis plusieurs années au milieu des Grecs et des Bulgares. Voici l'extrait d'une lettre écrite en décembre 1883 par le P. Descamps, supérieur à Andrinople :

..... Aussi avons-nous engagé un de nos religieux, prêtre bulgare latin de Philippopolis, à embrasser le rite oriental pour donner des

(1) *Antiquitates Ecclesiæ orientalis*, etc., etc. Londres, 1682, p. 33, 70 et 105.
(2) *Bulletin de l'Œuvre des écoles d'Orient*, février 1862.

soins plus efficaces à ces enfants, entrer ainsi plus généreusement dans les vues du Saint-Père et faire tomber bien des préjugés qui se dressent devant nous comme un rempart inexpugnable dans l'œuvre de l'union. Il sera chargé de notre chapelle du rite oriental, que nous sommes prêts à ouvrir, dès que nos ressources nous le permettront (1).

Pour ce qui concerne le passage des clercs et des religieux latins à un rite oriental, il faut lire l'ouvrage récent du jésuite N. Nilles (2).

LES FRÈRES DES ÉCOLES CHRÉTIENNES. — Voici venir enfin les plus humbles des travailleurs chrétiens, mais non les moins méritants et les moins utiles. Ils s'appliquent à inculquer aux plus jeunes enfants le respect et l'amour de leur rite originel. Le visiteur écrivait de Trebizonde le 28 novembre 1881 :

Dans le but d'entretenir l'harmonie indispensable pour opérer le bien, et aussi pour le respect dû aux divers rites reconnus par l'Eglise, nous conduisons nos élèves catholiques les dimanches et les fêtes à leurs églises respectives; cette mesure est hautement approuvée par le clergé et par les fidèles (3).

Nous avons parlé jusqu'ici des ordres religieux; ajoutons que les évêques latins observent les mêmes règles. Ainsi à une demande d'union, l'évêque latin de Scio répondait le 31 mars-12 avril 1870 :

Pour ce qui regarde votre rite, vous devez savoir que non seulement notre Eglise catholique n'oblige pas à en charger, qu'au contraire elle veut et ordonne que chacun conserve le sien, comme vous continuerez à le faire. — A cet effet, vos révérends prêtres continueront à officier comme auparavant sans aucun changement, à baptiser par immersion et à donner la sainte communion sous les deux espèces du vin et du pain levé; en un mot, vous n'aurez aucun changement en ce qui concerne votre rite.   (Extrait du journal *La Turquie*.)

---

(1) *Bulletin de l'Œuvre des écoles d'Orient*, n° 143, p. 307.
(2) *Symbolæ ad illustrandam historiam Ecclesiæ Orientalis*, etc. Œniponte, 1884-85.
(3) *Bulletin de l'Œuvre des écoles d'Orient*, n° 129, mars 1882, p. 282.

VI

LES ÉGLISES D'ORIENT ET LA FRANCE

Nous compléterons cet exposé par quelques indications historiques qui se rapportent spécialement à la France.

Le roi Dagobert était entré en relation avec l'empereur Héraclius au viie siècle de notre ère, à propos de l'exaltation de la sainte Croix (1).

Je rappellerai aussi la part qu'a prise la France sous Charles le Chauve aux démêlés suscités à la fin du ixe siècle par la conversion des Bulgares (2).

Gérard, évêque de Toul, mort en 994, avait accordé aux Grecs assez nombreux qui se trouvaient dans cette ville, l'autorisation de célébrer sur des autels particuliers d'après leur liturgie nationale (3).

A l'abbaye royale de Saint-Denis, l'usage s'est conservé très longtemps de chanter la messe romaine en grec le jour de l'octave de la fête patronale (4).

Jean Gerson prit part au concile qui fut tenu à Pise en 1409 et qui éleva au Saint-Siège, sous le nom d'Alexandre V, un Grec de Candie, ancien élève de l'université de Paris. Jean Gerson, alors chancelier de cette université, dans un discours adressé au nouvel élu, lui rappela son origine et le conjura de faire ses efforts pour ramener les Grecs dans le sein de l'Eglise catholique. Alexandre V proposa la convocation avant trois ans d'un concile général qui aurait pour objet cette réunion. Gerson conseilla à Charles VI de s'y employer (5). Il prononça un discours en présence du roi, le

(1) *Héraclius*, ou la question d'Orient au viie siècle. Paris, B. Duprat, 1862.

(2) *La Bulgarie chrétienne*, p. 21. Paris, Challamel.

(3) *Acta episcoporum Tullensium*, cités par E. Duméril dans l'introduction à Floire et Blancheflor. Paris, Jannet, 1856.

(4) *Note sur la messe grecque*, etc., etc., par Vincent, dans la *Revue archéologique*, Paris, 1864.

(5) *Eloge de Jean Gerson*, par A.-P. Faugère. Paris, Vaton, 1838.

troisième dimanche de l'Avent, au nom de l'université, pour exciter la chrétienté à se rallier aux desseins du pape *grec* (1) :

Ce but, dit-il, a déjà été poursuivi d'autres fois dans l'assemblée de toute l'Eglise de France; mais l'occasion paraît maintenant plus favorable que jamais... Notre Pape actuel est excellent docteur en théologie. Il sait mieux que personne ce qu'il en est de cette division des Grecs et en quoi elle consiste. Il est Grec de nation, d'une grande expérience, et a été autrefois envoyé en mission en Grèce. En outre, dans trois ans doit être célébré un concile général auquel les Grecs pourront prendre part. De plus, l'empereur des Grecs et les siens désirent cette union et cette paix...

Gerson explique ensuite l'intervention de l'université de Paris par cette circonstance, qu'il y vient des étudiants de toutes les parties du monde.

Après avoir établi la nécessité qu'il y ait dans l'Eglise un chef supérieur, auquel on puisse et doive recourir, le chancelier de l'université de Paris aborde la question de la diversité des coutumes et des rites :

Il n'est pas nécessaire que tous les hommes soient uniformément astreints, par des décisions positives des Papes, à tenir et à observer un seul et même mode de gouvernement dans les choses qui ne touchent ni de près ni de loin à la vérité de notre foi ou de la loi évangélique. Cette considération, bien saisie et bien comprise, est comme la clef principale pour trouver l'entrée à un accord entre les Grecs et les Latins; car les Grecs sont divisés des Latins par plusieurs manières de vivre, qui ne tournent pas au préjudice de la loi de Dieu. Pour toutes les choses de ce genre, saint Augustin dit qu'il faut observer la coutume du pays : *si fuisses Romæ, etc.* En voici un exemple : les Grecs consacrent avec du pain levé ou fermenté. Cet usage n'a rien de contraire à la foi catholique... Autre exemple : les prêtres des Grecs contractent un mariage et ils ont beaucoup de cérémonies et d'observances ecclésiastiques différentes de celles des Latins. *Quælibet provincia sensu suo abundat* (2)... Remarquez qu'un prince éclairé permet à des sujets placés dans des conditions différentes d'avoir des lois et des coutumes différentes, pourvu qu'elles n'aient rien de manifestement contraire au droit naturel; agir autrement serait souvent la destruction de l'autorité même...

Gerson recommande, au nom de l'Université, la réforme des

(1) *Sermon inédit de Jean Gerson sur le retour des Grecs à l'unité*, publié par le prince A. Galitzin. Paris, B. Duprat, 1859. Ce discours se trouve en latin au 2ᵉ volume des œuvres complètes de Gerson, Anvers, 1706, pages 141 à 153.

(2) Epître de saint Augustin à Casulan.

mœurs, la prière et l'aumône pour obtenir la bénédiction de Dieu sur l'œuvre de l'union :

Que des processions et des prières soient faites publiquement dans tout le royaume, pour amener tous à corriger leurs mœurs et à demander les secours de Dieu... Les ordres mendiants devraient s'y entremettre et s'y ingérer courageusement, car leur profession est de mendier.

Enfin le chancelier engage ses auditeurs à ne pas se laisser décourager par les difficultés, et il leur montre l'excellence de l'œuvre à entreprendre :

Les hommes de bonne volonté doivent, avec tout leur savoir, leur sagesse et leurs forces, s'employer diligemment à cette affaire de pacification universelle. Nous sommes, comme dit l'Apôtre, *les coadjuteurs de Dieu* (1)... Certainement c'est difficile, mais la récompense en sera grande et la gloire perpétuelle... C'est difficile, mais Dieu, dont nous attendons le secours et dont nous servirons la cause, est tout-puissant... C'est difficile, mais si l'on ne peut pas ramener tous les Grecs à l'union, ce sera déjà une grande récompense de nos efforts d'en ramener une partie. Et ce ne sera pas un labeur perdu pour ceux qui s'y appliqueront. Chacun recevra sa récompense, suivant la peine qu'il se sera donnée. Mille et mille pourront se sauver par ce labeur, qui se damneraient peut-être dans l'oisiveté de la luxure... C'est difficile, mais il n'y a pas d'entreprise plus religieuse et plus sainte que de ramener dans l'unité et dans la bonne voie nos frères par qui la foi nous a été dévolue. Est-ce qu'il n'était pas Grec de nation, l'Apôtre de la Gaule, saint Denis, par qui nous avons reçu la vraie paix et la foi chrétienne ? Et ce ne fut pas sans un grand courage et un grand labeur qu'il y arriva. De même, nous devons travailler à ramener les Grecs à nous... C'est difficile, mais, Sire, roi très chrétien, vos prédécesseurs ont entrepris des choses plus difficiles, comme saint Louis qui, pour combattre les infidèles, a passé deux fois la mer et s'est exposé au péril de la mort; mais ne peut-on pas dire que, sous certains rapports, cette œuvre est plus digne et plus désirable que de prendre la croix pour faire une guerre corporelle contre les infidèles ?

Tel était l'intérêt qu'on portait en France à la question d'Orient au milieu des désastres du règne de Charles VI.

Il y aurait lieu de rappeler ici l'accord conclu entre les catholiques et les grecs, en vue de l'expédition projetée par le comte de Nevers (2).

(1) *Première Épître aux Corinthiens,* ch. iii, v. 9.
(2) Voir *La France au Monténégro,* par Cyrille (A. d'Avril), et *Turcs et Monténégrins,* par F. Lenormant.

Le grand ouvrage de la *Perpétuité de la foi* contient des récits et des documents d'un intérêt incomparable sur le mouvement suscité en Orient par l'ambassadeur de Louis XIV à l'effet de défendre en commun la doctrine catholique de l'eucharistie contre les protestants.

Lorsque Pierre Ier, empereur de Russie, vint à Paris en 1717, la Sorbonne lui présenta, sur la réunion des Eglises, un mémoire qui fut signé par plusieurs docteurs et par le chancelier de l'université, François Vivant. Il y est dit, sur les obstacles à cette réunion :

Serait-ce quelque point de discipline ? Mais la discipline peut être différente dans les différentes parties de l'Eglise, sans que l'unité en soit altérée. Personne ne peut nier qu'avant les temps infortunés de Cérularius, les Eglises d'Orient et d'Occident ne fussent unies par les liens d'une même communion, quoique leurs rites fussent différents. Ceux des Grecs qui se sont réunis avec nous vivent selon leurs usages. Rien n'empêchera donc que l'Eglise russe ne puisse retenir sa discipline, et ainsi elle pourra consacrer avec du pain levé, pourvu qu'elle ne désapprouve pas l'usage contraire où sont les Latins, et qu'elle reconnaisse la validité de la consécration qui se fait avec du pain sans levain, ainsi que l'ont reconnue Théophylacte, Grégoire Protosyncelle et tant d'autres recommandables, parmi les Grecs, par leur caractère et par leur conduite sage et modérée.

Michel Cérularius, patriarche de Constantinople et le premier auteur de ce schisme, ne reproche aux Latins que leur usage de ne pas consacrer avec du pain levé, de ne pas chanter *Alleluia* au temps du Carême, et quelques autres points de ce genre. Mais que ces accusations sont frivoles ! que ces prétextes de rupture sont légers ! Cependant Cérularius, sur cet unique fondement, ne fit pas de difficulté de séparer de la communion ecclésiastique le Pape et tout l'Occident (1).

Dans l'une des réponses des évêques russes, il est dit, entre autres choses, qu'on ne peut rien décider sans le concours des patriarches d'Orient et pendant la vacance du siège de Moscou, et que, pour une œuvre de cette importance, il faudrait un concile général ou pour le moins des conférences publiques. Un document publié par le P. Theiner attribue l'insuccès de la négociation à l'influence des protestants (2). Du reste, cette négociation,

(1) *Annales catholiques*, t. Ier, 1800, pages 163 et suivantes. — *Histoire et analyse du livre de l'Action de Dieu sur la créature*, par l'abbé Coudrette, 1753. — Comparer ce texte avec celui donné par le comte Dmitry Tolstoy. T. Ier, p. 368.
(2) *Monuments historiques relatifs aux règnes d'Alexis Michaëlowitch, Féodor III et Pierre le Grand*. Rome, 1850, in-folio, p. 541.

sur laquelle un ouvrage récent du P. Pierling (1) répand une vive lumière, avait été mal entamée et fut mal conduite.

Nous citerons ici, pour terminer, quelques passages d'un mémoire du marquis de Bonnac, ambassadeur de France en Turquie au commencement du dix-huitième siècle. Ce n'est pas un théologien qui parle, mais un diplomate.

Je vous avouerai que la grande et sainte entreprise de la réunion des Grecs et des Arméniens n'est pas conduite comme elle devrait l'être, que beaucoup de ceux qui s'y occupent le font sans talent et sans connaissance suffisante des langues, que presque tous viennent dans le Levant avec des préjugés de nation ou de leurs ordres particuliers, qui peuvent être très bons en traitant avec les hérétiques de l'Europe, mais qui sont très dangereux en traitant avec les schismatiques du Levant.

Il n'est point question, ce me semble, ici de détruire une forteresse ennemie : il faut regarder les Grecs et les Arméniens comme d'anciens alliés qui ont rompu l'union qu'ils avaient avec nous et qui forment un corps d'armée à part...

Il y a une grande différence entre être uni et soumis au chef de l'Eglise visible et être dominé par lui. Si le premier peut suffire, pourquoi se présenter du côté du second qui effarouche et révolte les esprits? Et il ne convient peut-être pas de se comporter dans une négociation, pour ainsi dire, de pacification, comme on ferait si on agissait dans un esprit de conquête...

Je dirai ici qu'on ne doit pas, ce me semble, regarder les Grecs et les Arméniens comme les Luthériens et les Calvinistes ; qu'il faut compatir à leur état et considérer que, s'ils se trouvent séparés de la communion de Rome et imbus de quelques erreurs ou hérésies, c'est moins un effet de leur choix que de leur malheur.

Ce que le Pape, comme leur père commun, doit souhaiter est que l'Eglise grecque et l'Eglise arménienne, reconnaissant dans toute son étendue la suprématie du siège de saint Pierre, conservent cependant leur hiérarchie et que leurs patriarches aient la même autorité qu'ils avaient avant le schisme de Photius. Il est difficile de faire entendre cela au peuple, et c'est, ce me semble, une matière à traiter directement avec les patriarches...

Que si l'on pouvait s'approcher des patriarches, gagner leur confiance ou du moins les persuader de telle manière de la sincérité de nos intentions qu'ils ne fussent plus en garde contre nous, ils nous verraient sans doute plus tranquillement travailler à l'instruction de leurs peuples et à les faire revenir des erreurs qu'ils ne connaissent pas eux-mêmes, et dont ils conviendraient facilement toutes les fois qu'ils croiront qu'on n'en veut point directement à leur juridiction.

(1) *La Sorbonne et la Russie* (1717-1747), par le P. Pierling, S. J. Paris, Leroux, 1882.

Pour ce qui est du rite et des superstitions qui s'y sont glissées,... il faut pousser la circonspection si loin que non seulement il ne faut jamais que les missionnaires parlent ou écrivent contre le jeûne et le rite des Arméniens et des Grecs, mais qu'ils doivent obliger ceux d'entre eux qui se réunissent à l'Eglise romaine d'observer en tout leur ancien rite et leurs jeûnes sans se distinguer en rien de ceux qui, pour la croyance, restent encore attachés à ces Eglises. Il n'y a peut-être rien de si nécessaire que cela.

Il n'y a pas encore trente ans, nos missionnaires allaient célébrer et prêcher avec toute sorte de liberté dans les églises des Arméniens, et ils le font encore (en 1724) en Crimée. Quelques-uns d'entre eux voulurent changer cette méthode et cherchèrent à les attirer dans nos églises. Je suis persuadé qu'ils le firent à bonne intention ; mais la chose réussit mal, et ce fut le premier motif de la persécution qui suivit bientôt après. Présentement, on voudrait bien revenir à cet usage, mais les Arméniens y ont mis un obstacle difficile à surmonter, en une espèce d'anathème qu'ils prononcent à certains jours de l'année dans leurs églises contre le concile de Chalcédoine et le pape saint Léon.

En général, il paraît que, tant par rapport aux Grecs qu'aux Armé- niens, le plus important est de chercher à s'approcher d'eux, de dimi- nuer les préventions dans lesquelles ils sont élevés et nourris contre nous, de leur inspirer le plus de respect et d'admiration qu'il se pourra pour la pureté des mœurs, et pour l'étendue des connaissances et de doctrine de ceux qui s'emploient à les réunir. Ces sentiments une fois établis, le reste ne sera pas difficile à faire ; mais il faudrait, pour cela, préparer de bonne heure des sujets, les appliquer aux langues, et n'en point employer qui ne les sussent parfaitement, etc., etc.

Il y aurait bien autre chose à dire sur les rapports des Français avec les communions orientales ; mais les quelques faits qui viennent d'être rappelés suffiront à caractériser ce que j'appelle- rais la *tradition de la France* dans la question religieuse d'Orient.

VII

ESSAI SUR LA HIÉRARCHIE.

Avant de citer l'ambassadeur marquis de Bonnac, je crus devoir faire remarquer que j'allais rapporter les paroles non pas d'un théologien, mais d'un diplomate. Je demande le bénéfice de la même réserve pour ce que j'ai à dire sur les rapports des Eglises orientales avec les personnes dans l'Eglise universelle.

Le concile de Florence dit que tous les droits et privilèges des patriarches orientaux seront saufs. (Σωζομένων δηλαδὴ καὶ τῶν προνομίων ἁπάντων καὶ τῶν δικαίων αὐτῶν. *Salvis videlicet privilegiis omnibus et juribus eorum.*)

Dans l'encyclique du 6 janvier 1818, *In supremâ Petri*, Pie IX dit aussi d'une manière générale aux dignitaires séparés qu'en revenant à l'union, ils conserveraient leurs grades et dignités (*gradus et dignitates*).

Ces actes ne spécifient pas quels sont les *droits* et *privilèges* des Eglises orientales. En l'absence d'une définition générale et doctrinale, il y a lieu de consulter les actes particuliers d'union et les usages constants. Nous parlerons d'abord de l'élection.

DE L'ÉLECTION. — Une bulle d'Innocent III, pour l'érection de la hiérarchie bulgare en 1203, entre dans quelques détails. De cette bulle, dont la traduction se trouve dans un chapitre précédent, il résulte que le primat de Ternovo, chef de l'Eglise bulgare, sera élu canoniquement à cet effet, suivant l'usage approuvé ; que celui qui aura été élu par le métropolitain et les autres suffragants sera consacré évêque ; qu'une fois consacré, il enverra ses nonces au Saint-Siège pour demander le pallium ; qu'en recevant le pallium, il prêtera serment au Pape et à l'Eglise romaine ; que le chef de l'Eglise bulgare fera chaque année, le jour de la Cène de Notre-Seigneur, le chrême et l'huile des catéchumènes et des malades. Enfin il était permis au primat de Ternovo de faire porter devant lui, dans toute l'étendue de la Bulgarie et de la Valachie, la croix et une bannière représentant la passion de Notre-Seigneur.

On doit présumer que le pape Innocent III n'a pas accordé au chef d'une Eglise nouvelle et inconsistante, à qui le titre patriarcal était refusé, des droits plus étendus que ceux des anciens patriarches.

Nous indiquerons maintenant ce qui s'est passé à l'occasion de l'union ruthénienne. Le pape Clément VIII, le 7 des calendes de mars 1595, publia la bulle *Decet Pontificem romanum*, qui stipula avec solennité pour le présent et pour l'avenir : *Motu proprio et ex certâ scientiâ nostrâ et de Sedis Apostolicæ potestatis plenitudine, hac nostrâ perpetuô valiturâ constitutione statuimus et ordinamus*, etc., etc. Voici comment ladite bulle constitua la hiérarchie ruthénienne :

Lorsque le siège métropolitain de Kief sera vacant à son tour, celui qui aura été élu ou nommé archevêque ou métropolitain, suivant la coutume ou suivant le mode concédé aux Ruthéniens, sera tenu absolument de demander et obtenir de nous, ou du pontife romain alors existant, la confirmation et l'institution ou provision de son élection ou nomination, ainsi que la licence de procéder aux consécrations.

De la bulle d'Innocent III, relative aux Bulgares, et de celle de Clément VIII, relative aux Ruthéniens, il apparaît que les chefs des Eglises unies, même avec le simple titre de métropolitain ou de primat, ne sont pas nommés directement par la cour de Rome, mais élus dans leur Eglise. On est d'autant plus autorisé à considérer ce fait comme le droit commun que, lorsqu'il y a été dérogé, c'est dans des circonstances exceptionnelles, et qu'à propos de ces dérogations le droit commun a été affirmé par les Papes. Nous en trouverions des exemples dans l'histoire presque contemporaine des Maronites et des Melchites (1).

Quelle est au juste la valeur de cette élection à laquelle les documents romains accolent souvent le nom de postulation ? Un Oriental est élu régulièrement patriarche par le collège compétent : devient-il par ce seul fait le chef de son Eglise et apte à remplir immédiatement les fonctions patriarcales ?

L'élection pourra être cassée à Rome si elle n'est pas régulière ou si la profession de foi de l'élu n'est pas trouvée correcte; ce point est hors de doute. Mais beaucoup d'Orientaux, réserve faite de cette éventualité dirimante, estiment que l'élu entre en

____

(1) Pour les Melchites, voir le *Bulletin de l'Œuvre des pèlerinages en Terre-Sainte*. T. VI, p. 363. Paris, Challamel.

fonctions par le seul fait de l'élection et peut exercer son autorité et son ministère sans attendre la réponse de Rome. A leurs yeux, la démarche à Rome a le caractère d'une lettre de communion accompagnée de pièces pour la justification ou la vérification des pouvoirs.

En fait, les patriarches sont installés immédiatement après leur élection. D'un autre côté, nous ne sachions pas que *le fait* soit contesté à Rome d'une manière expresse et doctrinale. Il y a eu, cependant, contre cette prise de possession immédiate, quelques déclarations relatives à des cas particuliers ou à certains pays.

Ainsi l'on a pu voir, dans l'acte cité plus haut de Clément VIII, que le Pape ne permet pas au métropolitain élu pour Kief de procéder aux consécrations épiscopales avant d'avoir été confirmé. Observons qu'il s'agit ici d'un métropolitain et non d'un patriarche, d'une Eglise nouvelle et non d'une Eglise existant *ab antiquo*. Cette réserve spéciale indiquerait d'ailleurs, que les autres fonctions sont autorisées par le seul fait de l'élection.

A propos de la nomination maronite dans laquelle Benoît XIV est intervenu, le Pape reproche aux deux patriarches exaltés simultanément d'avoir usurpé les fonctions patriarcales avant d'avoir reçu la réponse de Rome (*quod lege et more vetusto necesse fuerat*). En même temps, Benoît XIV défend au patriarche nommé par lui de se mêler en rien de l'administration avant d'avoir émis sa profession de foi.

Il ne ressort de tout cela rien de bien positif.

Il y a, cependant, une circonstance grave dont il faut absolument tenir compte et qui nous parait préciser la situation suffisamment pour qu'il ne soit pas nécessaire de la définir : je veux parler de la demande du pallium. La concession du pallium doit signifier quelque chose ; on ne peut pas admettre que ce soit une simple cérémonie et qu'en le demandant les Orientaux ne demandent rien. On peut donc, en tenant compte des différents faits et des coutumes, dire que le patriarche élu régulièrement entre en fonctions, mais qu'il ne jouit de la plénitude du pouvoir pontifical qu'après avoir reçu le pallium pris du corps de saint Pierre.

DE LA CONFIRMATION DES ÉVÊQUES. — Après le droit d'être élus eux-mêmes, vient, pour les patriarches ou autres chefs d'Eglises, le droit de confirmer eux-mêmes les métropolitains ou évêques de leur circonscription. Non seulement la coutume est

telle, mais elle a été explicitement consacrée par des actes ponti-
ficaux.

La lettre d'Innocent III relative à la hiérarchie bulgare contient,
entre autres choses, qu'à la mort d'un métropolitain soumis au
primat de Ternovo, ce chef de l'Eglise bulgare confirmera l'élection faite canoniquement du successeur et donnera la consécration
épiscopale à l'élu; que, pour le pallium, le chef de l'Eglise bulgare enverra à Rome ses propres nonces avec ceux de l'Eglise à
laquelle le métropolitain est préposé; que le Pape transmettra
au primat le pallium *sub bullâ nostrâ* pour être, par lui, conféré
solennellement à l'évêque métropolitain.

A propos de la constitution de l'Eglise ruthénienne, le pape
Clément VIII dit :

« Lorsque, des Eglises étant devenues vacantes, des évêques auront
été nommés suivant la coutume des Ruthéniens ou suivant le mode à
eux concédé, il appartiendra à l'archevêque métropolitain de Kief alors
existant de confirmer les évêques et de les instituer par l'autorité et au
nom du Siège apostolique. »

Dans un consistoire tenu le 25 juin 1701, Pie VI a prononcé une
allocution dans laquelle il blâme les évêques arméniens d'avoir
empiété sur le droit du patriarche en élisant eux-mêmes un
archevêque pour le siège d'Alep. « Les évêques électeurs, dit-il,
ont dû, d'après leur droit propre, élire un patriarche, mais non
pas un archevêque d'Alep, puisque l'*élection des évêques appartient au patriarche même* et non pas aux évêques. »

De tout ce qui précède, il nous parait résulter que parmi les
jura et *privilegia* que le concile de Florence a garantis, il faut
comprendre le droit de confirmer les évêques ressortissants.

Rappelons ici que la primauté de juridiction du Pape est reconnue dans l'Eglise catholique aussi bien en Orient qu'en Occident.
Ainsi l'Oriental uni, clerc ou laïc, peut appeler de son curé à son
évêque, de l'évêque à son métropolitain, du métropolitain à son
chef d'Eglise, patriarche, primat ou métropolitain, et de ce dernier au Pape. Cet ordre ne doit pas non plus être interverti.

Il n'échappera pas, du reste, qu'après la profession de foi,
l'exercice du droit de juridiction est ce qu'il y a de capital pour
l'union. Là où le Pape est docteur et juge, il y a union. Le reste
est affaire d'administration et plus ou moins contingent.

Les couvents latins. — Le franciscain Carboneano déjà cité

définit de la manière suivante les rapports entre les Eglises orientales et les missionnaires latins :

Les missionnaires latins, résidant dans ces localités, exercent seulement leur juridiction sur ceux des chrétiens qui ne relèvent en aucune façon de la juridiction de l'un des évêques de rite oriental. — Les missionnaires qui veulent faire abjurer l'hérésie ou le schisme à des chrétiens de l'Orient, ne peuvent ni les exhorter à changer de rite, ni les admettre dans le rite latin ; mais-ils doivent laisser ces chrétiens dans leur propre rite et soumis à l'évêque uni de ce rite, s'il y en a un. — En ce qui concerne les chrétiens de rite oriental, les missionnaires sont destinés à venir en aide et en soulagement aux évêques locaux, et ils ne peuvent faire quoi que ce soit qui porte préjudice à leur juridiction. C'est pourquoi ils sont tenus de prouver à ces évêques qu'ils sont envoyés là par le Saint-Siège.

D'un autre côté, les missionnaires tiennent leur propre juridiction non de ces prélats, mais du Saint-Siège : aussi les susdits prélats ne peuvent-ils pas empêcher l'exercice sans raison et sans avoir consulté le Saint-Siège (1).

Voici une lettre récente (22 novembre 1883) du R. P. de Damas, jésuite, qui nous montrera en pratique les principes posés par le franciscain Carboneano, les ordres formels donnés depuis le XVIIe siècle par les généraux de la Compagnie (2), enfin les instructions permanentes adressées aux missionnaires par la Propagande (3).

Les missionnaires latins sont, ici comme partout, des *chasseurs*, selon la belle expression d'Isaïe, des *chasseurs d'âmes*. Ainsi faisons-nous. Nos efforts tendent à faire rentrer dans l'unité le plus grand nombre possible de schismatiques. Si un prélat arménien nous prie d'unir notre action à la sienne, nous nous empressons de mettre nos humbles services à sa disposition, comme font les Frères des Ecoles chrétiennes à Trébizonde, et les Jésuites à Marsivan. S'il n'a pas besoin de nous, nous continuons notre métier de chasseurs, en évitant, bien entendu, de marcher sur son terrain, ce qui serait contraire à la justice et à la bienséance. Mais, quoique en travaillant hors de lui, nous chassons réellement pour lui, car nos convertis, si nous sommes assez heureux pour en faire, ne passeront pas au rite latin; ils ne constitueront pas une paroisse, une petite Eglise latine; ils s'en iront grossir

---

(1) *De Christianorum ritibus*, chap. VIII. — Voir un décret de la Propagande du 5 décembre 1645.

(2) *Symbolæ ad illustrandam historiam Ecclesiæ Orientalis*, etc., par Nicolas Nilles, S. J. Œniponte, 1884, pages 115 et 116.

(3) *Ibid.*, page 113.

le troupeau de l'évêque arménien catholique. Ainsi, la dualité n'existe pas. Il y a deux actions simultanées et parallèles, mais elles tendent à ce même but, l'exaltation de l'Eglise catholique arménienne (1).

Le maintien des convertis dans leur rite originel a tant d'importance que je crois devoir transcrire un témoignage éclatant : c'est une lettre toute récente (1884) du patriarche melchite.

Rassurer les Grecs sur la libre pratique de leur rite, leur proposer des prêtres catholiques de leur nation afin de travailler à les ramener au bercail, c'était le seul moyen efficace de préparer des résultats réels nombreux et décisifs.

Cette marche prudente ne pouvait échapper à la sagesse et à la sollicitude du Saint-Siège qui vient d'étendre à la Palestine des mesures déjà en vigueur en Syrie. Ces mesures prescrivent que les Grecs schismatiques, qui se convertiront au catholicisme, garderont désormais l'usage du rite grec; que ceux, en outre, qui se sont convertis depuis les trente dernières années, et qui ont embrassé le rite latin, devront reprendre le rite grec. Le Saint-Siège confie en même temps les uns et les autres à ma juridiction patriarcale (2).

DÉLÉGATION. — Des délégués du Saint-Siège résident d'une manière permanente à Constantinople, en Syrie, en Mésopotamie, en Grèce. Les délégués sont des Latins revêtus de sièges épiscopaux titulaires. Ils remplissent en même temps les fonctions de l'Ordinaire sous différents titres pour les chrétiens de leur rite.

LA CONGRÉGATION DE LA PROPAGANDE. — Instituée d'abord spécialement pour les affaires des Grecs, cette congrégation fut définitivement constituée par Grégoire XV en 1622 avec un caractère plus général, c'est-à-dire pour aider à la propagation de la religion dans tous les pays non catholiques : *cum munere præsidendi missionibus omnibus ad prædicandum et docendum Evangelium et catholicam doctrinam.*

Quelle était alors, c'est-à-dire en 1622, la situation des hiérarchies orientales vis-à-vis Rome? Un précieux document nous éclaire : c'est la relation adressée à Sixte V par Léonard Abel, évêque de Sidon, qui avait été envoyé en Orient à l'effet de proposer aux Orientaux le retour à l'union de Florence et l'adoption du nouveau calendrier. Son rapport est un tableau exact de la situation de l'Orient chrétien à la fin du XVIᵉ siècle (3).

<hr>

(1) *Bulletin de l'Œuvre des écoles d'Orient*, janvier 1884, nᵒ 140, p. 201.
(2) *Ibid.*, nᵒ 145, novembre 1884, p. 372.
(3) *Une mission religieuse en Orient.* Relation adressée à Sixte V par l'évêque de Sidon, traduite et annotée par A. d'Avril. Paris, Challamel, 1866.

Il en ressort qu'à cette époque l'union formelle, effective et déclarée n'existait en réalité nulle part, excepté chez les Maronites.

Les unions se formèrent au bout de quelque temps, mais d'abord d'une manière intermittente et peu sûre. Ainsi, pour les Chaldéens, deux séries de patriarches unis sont retombées dans le schisme (1). Pour les Melchites, bien qu'il y eût déjà des unis du rite grec en Syrie, Cyrille VI est le premier patriarche qui reçut le pallium, et ce fut sous le pontificat de Benoît XIV. Parmi les chrétiens plus ou moins atteints de monophysisme, les unions n'ont pris que plus tard de l'importance et de la consistance. Il faut ajouter que jusqu'en 1830, la position matérielle des catholiques non latins a été des plus précaires dans l'empire ottoman. C'est seulement pendant l'ambassade du général Guilleminot, que le roi de France, de concert avec l'empereur d'Autriche, obtint que les catholiques seraient affranchis de la domination civile de leurs co-rituaires non-unis. A partir de cette époque et sous l'empire d'autres circonstances religieuses et politiques qu'il serait trop long de relater, les communions unies se sont développées et constituées définitivement, telles qu'on les voit dans tous les rites et dans toutes les provinces de l'Orient. Enfin les obstacles politiques et matériels qui gênaient les communications ont disparu,

Aujourd'hui l'Orient catholique se trouve dans une position mixte. D'un côté, il y a une hiérarchie constituée et reconnue avec une succession régulière pour tous les rites non latins. A côté, il y a des vicaires apostoliques pour les Latins, et des missionnaires envoyés en même temps pour subvenir au service religieux des Latins et pour venir en aide aux prélats orientaux. L'Orient est donc à la fois pays de hiérarchie régulière et pays de mission.

Ces indications n'étaient pas inutiles pour faire comprendre toute la portée d'une fondation due au pape Pie IX, et que nous avons déjà mentionnée.

La nouvelle congrégation. — La lettre apostolique commençant par les mots *Romani pontifices* est du jour de l'Epiphanie 1862. En voici la partie la plus importante :

____

(1) *La Chaldée chrétienne*. Etude sur l'histoire religieuse et politique des Chaldéens unis et des Nestoriens. Paris, Challamel, 1864.

Ayant devant les yeux la condition présente des Orientaux ; sachant qu'en quelques lieux les obstacles à ce que les nations de rite oriental pussent librement communiquer avec ce siège apostolique ont été écartés avec l'aide de Dieu et que, par conséquent, il nous sera plus facile de venir en aide aux graves besoins de ces nations, nous avons compris qu'il appartient à notre ministère apostolique d'appliquer avec un zèle redoublé notre soin et notre sollicitude à nous mettre en mesure de pourvoir plus efficacement au bien spirituel et aux nécessités de ces mêmes Orientaux.

Nous avons confié à une commission composée de cardinaux le soin de rechercher ce qu'il y aurait de mieux à faire pour la prospérité spirituelle de l'Orient. Considérant, d'un côté, la gravité et la multiplicité des besoins de l'Orient et la nécessité de traiter à part les affaires orientales, à cause de la différence de langue, de rite et de discipline ; considérant, d'ailleurs, les innombrables occupations dont la Congrégation de la Propagande est, en quelque sorte, accablée par suite de l'extension prodigieuse que notre sainte religion a prise, avec la grâce de Dieu, depuis le commencement de ce siècle, dans l'Amérique septentrionale, dans les Indes orientales, en Chine, en Océanie, en Europe même... cette commission s'est aisément convaincue que la Congrégation de la Propagande a besoin d'être renforcée pour suffire à l'expédition des affaires d'Orient, et nous a proposé de porter remède à cet état de choses en établissant une congrégation spéciale et permanente chargée exclusivement de tout ce qui concerne les rites, la discipline et la correction des livres liturgiques de l'Orient... C'est pourquoi, préoccupé au plus haut point du bien spirituel des Orientaux et prêt à tout entreprendre dans cette intention, de l'avis de nos vénérables frères les cardinaux de la sainte Église romaine et de notre autorité apostolique nous instituons et érigeons à perpétuité, par les présentes lettres, une congrégation spéciale exclusivement chargée des questions orientales...

Ainsi, toutes les affaires déférées actuellement à la Congrégation de la Propagande seront désormais scindées en deux catégories distinctes : affaires du rite latin, affaires des rites orientaux. La nouvelle congrégation établie par nous pour les affaires de rite oriental aura compétence pour traiter également les questions mixtes où interviennent des personnes ou des choses de rite latin, à moins qu'elle n'aime mieux les déférer à la Congrégation générale de la Propagande. La nouvelle congrégation relèvera du cardinal-préfet de cette dernière, se composera d'un nombre suffisant de cardinaux pris dans celle de la Propagande, mais aura ses consulteurs, son secrétaire, sa secrétairerie et ses officiers particuliers. Nous avons appelé dans notre bonne ville de Rome quelques ecclésiastiques renommés par leur connaissance des langues et des choses de l'Orient, et dont les lumières seront d'un grand secours à la nouvelle congrégation, surtout pour les questions de rite et de discipline et pour la correction des livres.

La congrégation que nous instituons a besoin, plus encore que toute autre, de consulteurs d'une science éminente pour exposer devant les cardinaux et soumettre à leur jugement sage et prudent les questions à résoudre, attendu la variété des langues et la diversité des rites. Nous voulons, en conséquence, que les consulteurs soient choisis non seulement parmi les théologiens, mais encore parmi les hommes versés dans la connaissance des idiomes et des choses de l'Orient.

LE SACRÉ COLLÈGE. — Soit que l'on considère les cardinaux comme électeurs, soit qu'on les considère comme conseillers du Pape, il n'est pas nécessaire que les diverses parties de la chrétienté soient représentées dans le sacré collège. En effet, la primauté appartenant au successeur de saint Pierre à Rome, celui qui est nommé canoniquement évêque de Rome par les prélats, prêtres et diacres de ce diocèse, est Pape *ratione Petri*. D'un autre côté, le gouvernement de l'Église étant monarchique de la manière que l'a défini le concile de Florence, le Souverain-Pontife peut choisir ses conseillers où il veut.

Cependant l'usage s'est établi de bonne heure de conférer le cardinalat à des prélats appartenant aux diverses nations catholiques. Cet usage a même été consacré par un décret du concile de Trente (XXIVe session, *De reformatione*, ch. 1er) : *Quos sanctissimus Romanus pontifex ex omnibus Christianitatis nationibus, quantum commodè fieri poterit, prout idoneos repererit, assumet.*

Une fois accepté et pratiqué le principe que les cardinaux peuvent être choisis *ex omnibus Christianitatis nationibus*, les Orientaux unis sont-ils admissibles à concourir à la composition du sacré collège ?

Les cardinaux sont des électeurs et des conseillers.

L'évêque nommé à Rome doit être le pape des Orientaux aussi bien que des Latins et avec les mêmes pouvoirs en tant que Souverain-Pontife, ce qui porte à penser que les Orientaux peuvent être admis à participer à l'élection.

Les Orientaux peuvent-ils être admis comme conseillers du Pape ? En raison des privilèges spéciaux dont ils jouissent, ne doivent-ils pas être écartés du conseil ? Cette dernière opinion serait admissible si les cardinaux s'occupaient d'aider le Pape seulement dans l'administration de la partie latine du patriarcat d'Occident. Voyons les faits.

On doit d'abord noter qu'une congrégation de cardinaux, soit la générale de la Propagande, soit la spéciale, traite à Rome les affaires des Orientaux; mais, en outre, certaines affaires, après être arrivées à la Propagande, sont décidées par une autre réunion, comme en témoigne au début la célèbre bulle *Allatæ sunt*. Il y en a d'autres, et ce sont peut-être les plus hautes, sur lesquelles les cardinaux délibèrent soit en Congrégation soit en Assemblée générale sans qu'elles aient traversé la Propagande, et qui intéressent les fidèles qui suivent un rite oriental au même degré que les Latins.

Les choses étant ainsi, ne parait-il pas que les Orientaux seraient placés dans une condition de réelle infériorité si, seuls parmi les catholiques, ils n'étaient pas reconnus aptes à devenir cardinaux, c'est-à-dire s'ils ne pouvaient pas être appelés à prendre part à l'élection du Souverain-Pontife, et si toutes leurs affaires devaient être traitées à Rome exclusivement par des cardinaux appartenant au seul patriarcat d'Occident et même à la partie latine de ce patriarcat?

C'est vrai; mais avant de tirer une conclusion pratique, examinons toutes les circonstances. Le concile de Trente dit bien que le Pape prendra les cardinaux de toutes les nations de la chrétienté; mais il ajoute: *Quantum commode fieri poterit et prout idoneos repererit*. Or, depuis le xᵉ siècle jusqu'à nos jours, une promotion d'Orientaux a pu rarement se faire *commodé* et les papes n'ont pas toujours trouvé des candidats *idoneos*. Une circonstance différente s'est présentée: c'est au moment du concile de Florence en 1439. Aussi voyons-nous le pape Eugène IV s'empresser d'appeler au sacré collège deux prélats de rite oriental, Bessarion et Isidore. Tous les deux ont répondu aux espérances qu'ils avaient inspirées au Pape. Pour ne parler que du dernier, il a montré dans le plus bel éclat sa pourpre romaine au milieu de la grande catastrophe de l'Orient, lorsqu'il fut envoyé comme légat à Constantinople par Nicolas V. Le 29 mai 1453, pendant que la tête du dernier Constantin était exposée aux pieds de la statue de Justinien et que les infidèles profanaient à Sainte-Sophie le plus beau sanctuaire de l'Orient, le cardinal de la sainte Église romaine, le grec Isidore, qui, dans ce moment suprême, avait dirigé personnellement la défense du côté de la porte de Saint-Démètre, était fait prisonnier et vendu comme esclave à un musulman. Il réussit, cependant, à s'enfuir au milieu de cet effroyable désordre pour consigner sa douleur dans une lamentation touchante sur la chute de Constantinople, qui est parvenue jusqu'à nous.

Les temps qui suivirent furent comme une nuit pour l'union, ainsi qu'on le peut voir par la relation déjà citée de l'évêque de Sidon adressée à Sixte V. C'est à partir de 1830, comme on l'a déjà indiqué, que les communions unies commencèrent une existence régulière et un véritable progrès. Or, en 1855, le pape Pie IX éleva au cardinalat un grec uni, l'archevêque de Léopol, Michel Lewicki. Cet acte, qui rappelait, pour ainsi dire, à la vie commune de l'Eglise universelle les enfants de l'Orient, est venu sept ans après l'appel adressé aux Orientaux dans l'encyclique *In supremâ Petri,* et a précédé de sept ans la création d'une congrégation spéciale pour les affaires des Orientaux par les lettres *Romani pontifices.*

Une nouvelle promotion orientale a eu lieu sous le pontificat de Pie IX, celle de Mgr Hassoun, appartenant au rite arménien.

Rappelons, en terminant, à la gloire de la catholicité romaine, que vingt-un Grecs ont occupé le siège de saint Pierre. Qui sait si l'avenir ne nous réserve pas d'y saluer encore un Oriental ?

TABLE

Bar-le-Duc — Typ. L. Philipona et Cⁱᵉ — 1890.